建设生态新农村丛书　主编　沈东升

生态住宅百问百答

谯　华　郑　昕　编著

浙江工商大学出版社

前言
FOREWORD

"三农"问题是关系到改革开放和现代化建设全局的重大问题。没有农村的稳定就没有全国的稳定,没有农民的小康就没有全国人民的小康,没有农业的现代化就没有整个国民经济的现代化。搞好农村这个大头,就有了把握全局的主动权。"建设生态新农村丛书"正是贯彻党的十七大和十七届五中全会精神,落实《中共中央办公厅、国务院办公厅关于进一步加强农村文化建设的意见》要求,促进农村文化和经济、政治、社会协调发展,帮助广大农民增收致富,丰富农民群众精神文化生活,进一步加强我省服务"三农"出版物出版发行工作而制定的"服务'三农'重点出版物出版工程"。

本套"建设生态新农村丛书",包括《村镇规划百问百答》、《环保理念百问百答》、《循环经济百问百答》、《生态住宅百问百答》、《生态旅游百问百答》、《生态养殖百问百答》、《安全种植百问百答》、《食品安全百问百答》、《清洁能源百问百答》、《饮水安全百问百答》、《清洁河道百问百答》、《垃

圾处理百问百答》、《污水处理百问百答》、《固废利用百问百答》、《低碳生活百问百答》等 15 个分册,分别从农业、农村和农民三个角度,多方位探讨农村从温饱到小康,进而实现现代化的历史进程中,农村的经济建设和生态文明建设面临的诸多新问题。本丛书力求为切实解决农民收入增长、农业基础设施、农村抗御自然灾害能力等人口、资源、环境问题与矛盾提供参考,以全面推进农村经济发展和社会进步,全面实现小康并逐步向更高的水平前进,建成富裕、民主、生态、文明的社会主义新农村。

　　本套丛书编写通过基本概念介绍、关键工艺解释、具体案例辅助说明、有关政策法规解读等思路,结合编者的科研团队中相关研究工作的积累,采用一问一答的形式讲述农村环保、生态经济、低碳生活等方面的内容。本丛书强调理论联系实际,可供广大农民朋友阅读使用,也适用于从事"三农"等相关行业的专业技术人员学习参考。

　　本套丛书由沈东升任主编,龙於洋和汪美贞任副主编;分别由汪美贞、龙於洋、胡立芳、丁涛、李春娟、谯华、赵芝清、姚俊、李文兵、王静、夏芳芳、陈应强、张弛、廖燕、邓友华、郭梦婷、宋二喜、白云、孔娇艳、冯小晏、黄宝成、冯欢、冯一舰、杨煜强、曾燕燕、郑昕、何虹蓁、胡敏杰等负责相应分册的编写工作。此外,陶萍萍、谢德援、苏瑶、孟欣奕、吴欣玮、全立平、洪微微、徐辰、陈玲桂、冯琪波、帅慧、方圆、负晓玲、余秋瑾等,为本套丛书的编写付出了大量辛勤的劳动。

在本套丛书的编写中,引用了大量国内外科学工作者和"三农"管理人员的成果和资料,在编写出版过程中,得到了浙江工商大学出版社钟仲南副总编、邬官满老师的大力支持和帮助,在此谨向为这套丛书编写和出版提供材料和帮助的所有人士表示衷心的感谢。限于编者水平,书中难免存在差错及纰漏之处,热忱欢迎读者批评指正。

沈东升

2011 年 6 月于华家池畔

目 录
CONTENTS

基本概念篇

1. 为什么要提出"生态住宅"概念？…………………… 1

2. 什么是生态住宅？…………………………………… 2

3. 生态住宅是什么时候提出的？……………………… 2

4. 生态住宅的特征是什么？…………………………… 3

5. 生态住宅与一般住宅的区别主要体现在哪些方面？

   …………………………………………………………… 4

6. 什么是生态建筑？…………………………………… 5

7. 生态建筑是什么时候提出的？……………………… 5

8. 生态住宅与生态建筑有什么联系？………………… 6

9. 什么是绿色建筑？…………………………………… 6

10. 生态建筑与绿色建筑有什么区别？………………… 6

11. 什么是"建筑节能"？………………………………… 7

12. "建筑节能"的发展阶段如何？……………………… 7

13. 什么是风水？………………………………………… 7

14. 生态住宅与风水有什么关系? ……………………… 8
15. 什么是生态住宅的围护结构? ……………………… 10
16. 什么是体形系数? ……………………………………… 10
17. 什么是绿地率? ………………………………………… 10
18. 绿地率与通常所说的绿化覆盖率一样吗? ………… 11
19. 什么是微气候? ………………………………………… 12
20. 什么是热岛效应? ……………………………………… 12
21. 什么是绿色建材? ……………………………………… 13
22. 绿色建材与传统建材有什么区别? ………………… 13
23. 什么是中水? …………………………………………… 14
24. 什么是可循环材料? …………………………………… 15
25. 什么是可再利用材料? ………………………………… 15
26. 什么是可再生能源? …………………………………… 15

评价标准篇

27. 中国生态建筑类评价体系如何? …………………… 18
28. GB/T 50738—2006 中生态住宅需满足哪些条件?
    …………………………………………………………… 22
29. 生态住宅的效益如何? ………………………………… 23

规划设计篇

30. 生态住宅规划有何意义? ……………………………… 25
31. 住宅设计应符合什么要求? …………………………… 25

32. 我国气候分区有几个？ ………………… 26

33. 浙江属于哪个气候分区？ ………………… 26

34. 建筑朝向对住宅有什么样的影响？ ………… 27

35. 在浙江省选择住宅朝向时，主要需要考虑的因素有

哪些？ ………………………………… 27

36. 主导风向对住宅有什么样的影响？ ………… 31

37. 浙江省的住宅对风向有什么要求？ ………… 31

38. 怎样在新农村建设中实现生态住宅？ ……… 31

39. 什么是生态住宅设计？ …………………… 32

40. 生态住宅设计应具备哪些内容？ ………… 32

41. 生态住宅的设计原则是什么？ …………… 33

环保设计篇

42. 生态住宅的环保设计理念是什么？ ………… 35

43. 生态住宅的环保设计要求体现在哪些方面？ …… 36

44. 生态住宅的场地选择与节地环保设计要求是什么？

………………………………………… 37

45. 生态住宅的室外环境环保设计要求是什么？ … 38

46. 生态住宅的节能环保设计要求是什么？ ……… 39

47. 生态住宅的布局对能耗有什么样的影响？ …… 41

48. 生态住宅的可再生能源利用环保设计要求是什么？

………………………………………… 42

49. 太阳能在生态住宅中应用的优势和形式是什么？

………………………………………… 43

50. 沼气作为可再生能源在新农村生态住宅中应用有什么优势？ …………………………………… 47

51. 农村中沼气池的选址规划要求及效益如何？ …… 47

52. 地热能在生态住宅中如何应用？ ……………… 48

53. 生态住宅在节能方面对体形系数有什么要求？ … 50

54. 围护结构在节能方面有什么作用？ …………… 53

55. 围护结构中外墙在节能方面有什么作用？ …… 53

56. 外墙怎样实现隔热保温？ ……………………… 54

57. 围护结构中门窗在节能方面有什么作用？ …… 58

58. 楼地面应采用哪些节能技术措施？ …………… 63

59. 在夏热冬寒的浙江省地面构造有什么要求？ … 63

60. 浙江省生态住宅对屋顶构造有什么要求？ …… 64

61. 生态住宅的节水与水资源利用环保设计要求具体体现在哪些方面？ ……………………………… 65

62. 城镇或临近城镇的生态住宅的完善的给排水系统环保设计要求有哪些？ ……………………… 66

63. 在远离城镇的民居点其住宅水源从哪些方面进行保证？ …………………………………………… 66

64. 生态住宅的再生水利用环保设计要求有哪些？ … 67

65. 再生水中中水处理工艺流程的选择原则及常用处理工艺是什么？ ………………………………… 67

66. 再生水中雨水的利用有什么优势？ …………… 70

67. 其他节水措施有哪些？ ………………………… 72

68. 建筑材料对环境的影响如何？ ………………… 74

69. 生态住宅节材与材料资源利用的环保设计要求体

现在哪些方面？ ┄┄┄┄┄┄┄┄┄┄┄┄┄ 77

70. 生态住宅建筑材料利用的环保设计要求具体体现
在哪些方面？ ┄┄┄┄┄┄┄┄┄┄┄┄┄ 77

71. 生态住宅建筑工业化的环保设计要求具体体现在
哪些方面？ ┄┄┄┄┄┄┄┄┄┄┄┄┄┄ 83

72. 生态住宅室内环境设计的环保设计要求具体体现
在哪些方面？ ┄┄┄┄┄┄┄┄┄┄┄┄┄ 86

73. 生态住宅室内空气环境的环保设计要求具体体现
在哪些方面？ ┄┄┄┄┄┄┄┄┄┄┄┄┄ 87

74. 生态住宅室内热环境的环保设计要求具体体现在
哪些方面？ ┄┄┄┄┄┄┄┄┄┄┄┄┄┄ 90

75. 生态住宅室内声环境的环保设计要求具体体现在
哪些方面？ ┄┄┄┄┄┄┄┄┄┄┄┄┄┄ 91

76. 生态住宅室内光环境的环保设计要求具体体现在
哪些方面？ ┄┄┄┄┄┄┄┄┄┄┄┄┄┄ 93

77. 生态住宅的运营管理如何？ ┄┄┄┄┄┄┄ 94

艺术设计篇

78. 为什么要在生态住宅中体现艺术设计？ ┄┄┄ 97

79. 生态住宅的艺术设计应体现在哪些方面？ ┄┄ 97

80. 生态住宅的美学理论应体现哪些设计原则？ ┄ 99

81. 怎样体现生态住宅的自然美？ ┄┄┄┄┄┄ 100

82. 怎样体现生态住宅的优美设计？ ┄┄┄┄┄ 100

83. 怎样体现生态住宅的审美体验？ ┄┄┄┄┄ 101

84. 生态住宅的绿化景观设计体现在哪些方面？ …… 101
85. 生态住宅的绿化景观设计中以人为本的原则体现
    在哪些方面？ …………………………… 102
86. 生态住宅中立体绿化景观体现在哪些方面？ …… 102
87. 生态住宅中不同植物物种的季节观赏搭配体现在
    哪些方面？ ……………………………… 103
88. 生态住宅中人文景观设计体现在哪些方面？ …… 103

环保装修篇

89. 住宅装修的环保要求有标准吗？ ………………… 104
90. 家装污染及污染物来源是什么？ ………………… 104
91. 怎样才能做到环保装修？ ………………………… 105
92. 家装材料应怎样选择？ …………………………… 107
93. 工程施工有哪些规定？ …………………………… 109
94. 装修造成室内空气污染,有害物质超标后怎样处理？
    ………………………………………………… 111

存在问题篇

95. 我国生态住宅存在的问题主要表现在哪些方面？
    ………………………………………………… 114
96. 生态住宅的设计理念存在的问题表现在哪些方面？
    ………………………………………………… 114
97. 生态住宅施工建设过程浪费严重及监管缺乏主要

表现在哪些方面？ …………………………… 115

98. 生态住宅的平均寿命短表现在哪些方面？ ……… 115

99. 生态住宅的生态标准体系不足表现在哪些方面？

………………………………………… 115

100. 生态住宅的公众参与力度不够表现在哪些方面？

………………………………………… 116

标准规范篇

室内装饰装修材料有害物质限量十项强制性国家标准

………………………………………… 117

民用建筑工程室内环境污染控制规范 GB 50325—2001

（2006 版）（节选） ………………………… 128

室内装修一些常见污染物的主要危害…………… 141

主要参考文献……………………………… 144

基本概念篇

1. 为什么要提出"生态住宅"概念?

答:在经济高速发展的同时,人们的生活方式也发生了巨大的变化。一方面建筑技术和经济的发展提升了人们生活的舒适度,另一方面带来了能源消耗、环境污染、人与自然相分离等种种问题。其中,建筑业带来的资源消耗和污染见图1所示。此外,现有农村村舍、民居普遍存在规划不合理、房屋质量差、室内及居住条件差、原乡村传统文化遭受破坏等问题。为了提高居民的生活质量、体现"以人为本"的原则和适应"社会主义新农村"建设的需要,于是提出了"生态住宅"这个概念。

全球的消耗		全球的污染	
能源	50%	空气污染	50%
水泥生产和其他建材	20%	温室效应	42%
建筑使用过程	30%	水污染	50%
水资源	42%	固体废物	48%
原材料	50%	氟氯化碳	50%
耕地	48%		

建筑

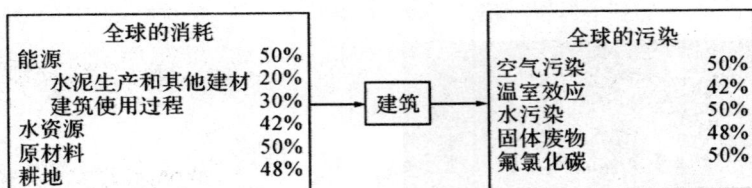

图1　建筑业带来的资源消耗和污染

资料来源：李华，《高技术的生态建筑》，《天津大学学报》2002年第3期。

2. 什么是生态住宅？

答：生态住宅是在建筑生命周期的各环节充分体现节约资源与能源、减少环境负荷和创造健康舒适居住环境，与周围生态环境相协调的住宅。目前，全国掀起生态住宅建设热潮。

3. 生态住宅是什么时候提出的？

答：1987年，联合国世界环境与发展委员会（WECD）在《我们共同的未来》报告中提出了可持续发展战略，呼吁全球关心环境、关注未来。世界各国亦纷纷加大环保研究力度，积极倡导可持续的生产方式和消费模式。

著名生态学家 O. Yanisky(1987)提出了一种理想的模式，旨在建立一种理想栖境，使得技术与自然充分融合，居民身心健康和环境质量得到最大限度的保护，也就是要大力发展生态住宅。生态住宅是自然主义兴起与环保运动高

涨的产物,也是可持续发展思想在房地产业的体现。

4. 生态住宅的特征是什么?

答:生态住宅的特征概括起来有四点,即舒适、健康、高效和美观。

追求舒适和健康是生态住宅的基础。现代人一生中大概有 50％ 的时间是在室内度过的,那么,舒适健康的生态住宅是人们生活质量提高、生存环境改善的重要手段。首先,要满足人的舒适性要求,如适宜的温度、湿度以满足人体热舒适。其次,需有益于人的身心健康,如有充足的太阳光照以杀菌消毒,有良好、自然的通风以获得高质量的新鲜空气,以及无污染、无辐射的室内装饰材料等。再次,在心理方面,生态住宅既要保证居民所需要的安全性、私密性,又要满足人与人之间邻里交往、人与自然交往等要求。此外,生态住宅应尽可能减少对自然环境的负面影响,如减少二氧化碳等有害气体的排放。

追求高效是生态住宅的核心内容。所谓高效,就是指尽可能提高资源和能源(特别是不可再生资源与能源)的利用率,以最低的资源、能源成本去获取最大的收益。现阶段,建筑业以及与其相关的其他产业(如建材生产、运输等)消耗了大量的资源和能源。而生态住宅则要杜绝这种粗放、浪费的模式。

追求美观是生态住宅与大自然和谐的完美境界。生态住宅与大自然相和谐不仅体现在物质、能量方面,也体现在

精神境界方面,包括生态住宅与自然景观的融合,与社会文化的融合。生态住宅将节约能源和保护环境这两大方面结合起来,所关注的对象不仅包括节约不可再生能源和利用可再生清洁能源,还涉及节约资源(建材、水)、减少废弃物污染(空气污染、水污染)以及使用可降解和循环的材料等,因此它所占据的视点最高,所关注的领域也最广。

5. 生态住宅与一般住宅的区别主要体现在哪些方面?

答:主要体现在四个方面:一是设计理念,二是建造手段,三是生命周期管理模式,四是生活方式。

在设计理念方面,一般住宅设计出发点是以安全、经济、适用、耐久为主,主要是满足现行的安全和使用标准、规范,房产开发商对内涵不够重视;生态住宅设计出发点不但要考虑上述指标,更要重视建筑物对资源、能源的消耗及对环境的污染程度,为居住在内的人营造自然、舒适、健康、优美的人居环境,强调"天人合一"。

在建造手段方面,生态住宅要求采用大量生态技术,如建筑节能技术、雨水收集、新能源利用等,从而减少环境污染、提高生产和生活质量。

在生命周期管理模式方面,生态住宅特别注重生命周期的营运和维护,其对象既包括硬件设施,也包括软件设施,进而保证住宅的生态环境质量;一般住宅的营运与维护只是对硬件进行简单维护,主要目的是为了保证住宅的基

本日常运行。此外,生态住宅的运行成本比一般住宅要低。

在生活方式方面,生态住宅强调居民的环保、节能意识,使居民成为住宅生态系统中不可或缺的一员,使居民在融入环境的同时又不影响环境。

6. 什么是生态建筑?

答: 生态建筑是运用生态学原理和遵循生态平衡及可持续发展的原则,设计、组织建筑内外空间中的各种物质因素,使物质、能源在建筑系统内持续地循环转换,获得高效、低耗、无污染、无废料、生态平衡的建筑。生态建筑应注重处理好人、建筑、自然三者间的关系,保障生态体系健全运行。

7. 生态建筑是什么时候提出的?

答: 20 世纪 60 年代以来,可再生能源如太阳能、风能、水能、生物质能等在建筑中的利用引起广泛注意。美籍意大利建筑师保罗·索勒瑞的"城市建筑生态学"中将建筑学与生态学的概念结合在一起,首次将生态与建筑合称为"生态建筑",设计了一种高度综合、集中式的三维空间尺度城市(紧凑型城市模式),以提高资源、能源的利用率,消除城市因无限水平扩张而产生的问题。

美国生态学家雷切尔·卡森 1962 年在其著作《寂静的春天》中首次提出了"绿色"概念的雏形。20 世纪 70 年代,

世界能源危机诱发了早期的"节能建筑",尽管由于材料设备、能耗等各方面缺陷而未达到其最终期望目的,但其思想和技术探索具有重要的意义。

如何让建筑业资源利用与环境保护更好地结合,在舒适、健康、安全居住的同时,做到高效地节约能源、资源、土地、材料和水,是所有建筑学家和整个人类共同关心的问题。

8. 生态住宅与生态建筑有什么联系?

答:生态住宅是生态建筑的子集。因为生态建筑不但包括住宅,还包括办公楼、广场等公共建筑。

9. 什么是绿色建筑?

答:为人们提供健康、舒适、安全的居住、工作和活动的空间,同时在建筑全生命周期(选址、规划设计、施工、使用管理及拆迁过程)中实现高效率地利用资源(节能、节地、节水、节材)、最低限度地影响环境的建筑物。"绿色建筑"这一概念是在 1992 年举行的联合国环境与发展大会上首次被提出的。

10. 生态建筑与绿色建筑有什么区别?

答:在微观层面或者说在单体建筑层面上,生态建筑

和绿色建筑没有太大差别。但生态建筑这一概念相对宏观,还可以应用于更大的领域;而绿色建筑是相对微观的概念。同时,"绿色"的主要含义为干净卫生、无污染、符合环境保护政策,相对比较静态;而"生态建筑"强调建筑具有生命性,不仅包含了本身清洁和节能的内容,还强调与相关事物的有机联系与和谐共生。

11. 什么是"建筑节能"?

答:建筑节能是指在建筑材料生产、房屋建筑施工及使用过程中,合理、有效地使用和利用能源,以便在满足同等需要或达到相同目的的条件下,尽可能降低能耗,达到提高建筑舒适性和节能的目标。

12. "建筑节能"的发展阶段如何?

答:建筑节能概念自 20 世纪 70 年代提出以来,经历了三个阶段:第一阶段是在建筑中节约能源,相对比较被动;第二阶段是在建筑中保持能源、减少能源的散失;第三阶段是近几年提出的在建筑中提高能源利用率,采取积极的思想和措施达到节能效果,相对比较主动。

13. 什么是风水?

答:风水,古代又称为地理术、堪舆术。一般来讲,风

水是指一种术数和技巧,即指导人们如何确定阴宅和阳宅的位置、朝向、布局、营建等,以此获得好运的一门理论。

风水研究范围涉及住宅、宫室、陵墓、寺庙、村镇、城市的规划建设等,其中涉及陵墓方面的称为阴宅风水,涉及活人居住、生活的房屋、环境称为阳宅风水。由此可知,住宅类属于阳宅风水。

14. 生态住宅与风水有什么关系?

答:中国风水思想以传统哲学的阴阳五行为基础,融合了地理、气象、景观、生态、心理、社会伦理等学科的内容,将崇尚自然的山水文化同建筑环境的选择融于一体。

中国古村落在选址、规划和布局当中都十分注重风水的因素:左有流水,谓之"青龙";右有长道,谓之"白虎";前有汗池,谓之"朱雀";后有丘陵,谓之"玄武",整个布局有山有水,山势围合,可以形成一个藏风聚气的独立空间,具体见图2。

风水的环境模式实际上表现为一种理想的生态模式。因为我们在北半球,所以是坐北而朝南,南面而王,背面的山是交椅背,东青龙,西白虎,南朱雀,北玄武。玄武这座山因为最高,所以冬天挡住了西伯利亚来的寒流;南面向阳,所以能够最大限度地接收到阳光。然后前面还有一条河,所以它能够得舟楫之便,能够灌溉,人畜又能够饮水,出了火灾还能够救火,有了污水还可以排出去。

中国风水被西方科学家称为"东方文化生态"。在西

图 2 住宅风水示意图

方,现代科学的主要方法论是还原论,将物质世界采取分解还原的方法去研究,这种方法曾有力地推动现代科技和现代工业的发展,但是由此也带来了一系列危机。其问题根源在于"只见树木,不见森林"的还原方法论。而风水学,从现代科学理论来看,是地球物理学、水文地质学、环境景观学、生态建筑学、宇宙星体学、地球磁场方位学、气象学和人体信息学合一的综合性科学;其宗旨是审慎周密地考察、了解自然,顺应自然,有节制地利用和改造自然,创造良好的居住和生存环境。中国风水与现在所提倡的生态理念具有很大的共鸣。

15. 什么是生态住宅的围护结构？

答：围护结构主要是指围合建筑空间四周的墙体、门、窗等，构成建筑空间，抵御环境不利影响的构件（也包括某些配件）。按是否同室外空气接触，可分为外围护结构和内围护结构，其中外围护结构是指同室外空气直接接触的围护结构，如外墙、屋顶、外门和外窗等，用以抵御风雨、温度变化、太阳辐射等，应具有保温、隔热、隔声、防水、防潮、耐火、耐久等性能；内围护结构是指不同室外空气直接接触的围护结构，如隔墙、楼板、内门窗等，起分隔室内空间作用，应具有隔声、隔视线以及某些特殊要求的性能。围护结构通常指外墙和屋顶等外围护结构，也是本书所说的围护结构。

16. 什么是体形系数？

答：体形系数是指建筑物与室外大气接触的外表面积和与其包围的体积之比值。体形系数越大，说明单位建筑空间的热散失面积越大，能耗就越高。研究表明，体形系数每增大 0.01，能耗指标约增加 2.5%。

17. 什么是绿地率？

答：绿地率是住宅所在区域绿地面积与总用地面积之

比,即绿地率＝绿地面积/总用地面积。

　　此处所指绿地面积主要包括公共绿地、宅旁绿地等。其中,公共绿地又包括居住区公园、小游园、组团绿地及其他的一些块状、带状化公共绿地。针对块状、带状公共绿地也要求宽度不小于 8 米,面积不小于 400 平方米,该用地范围内的绿化面积不少于总面积的 70％,且占其面积不大于 1％的雕塑、水池、亭榭等绿化小品建筑可视为绿地。宅旁绿地等的用地面积,在计算时也要求跟建筑外墙 1.5 米和道路边线 1 米以内的用地,不得计入绿地面积。此外,还有几种情况也不能计入绿地率的绿地面积,如地下车库、化粪池,因为这些设施的地表覆土一般达不到 3 米的深度,在上面种植大型乔木,成活率较低,故不计入绿地面积范围内。但屋顶绿化等装饰性绿化地,按目前国家的技术规范,也算正式绿地。

18. 绿地率与通常所说的绿化覆盖率一样吗?

　　答:不一样。

　　绿化覆盖率是指绿化投影面积之和与小区用地的比率,相对而言比较宽泛,大致长草的地方都可以算作绿化,所以绿化覆盖率一般要比绿地率高一些。计算绿化覆盖率所指的绿地,简单地说,就是只要有块草皮就可以计入,所以绿化覆盖率有时能达到 60％以上。

19. 什么是微气候？

答:由下垫面构造特性所决定的发生在地表(一般指土壤表面)1.5～2.0米大气层中的气候特点和气候变化,包括空气气温、空气湿度、气流速度、热辐射条件四个重要参数。微气候环境直接影响人的情绪、疲劳程度、健康、舒适感觉和工作效率。

20. 什么是热岛效应？

答:随着城市化的速度加快,城市建筑群的密度越来越大,其柏油路和水泥路面比郊区的土壤、植被具有更大的热容量和吸热率,使得城区储存了较多的热量,并向四周和大气中辐射,造成同一时间城区气温普遍高于周围的郊区气温,高温的城区处于低温的郊区包围之中,如同汪洋大海中的岛屿,人们把这种现象称为热岛效应。

一般认为热岛效应成因有三:一是城市与郊区地表面性质不同,致使城区反射率小,吸收热量多,蒸发耗热少,热量传导较快,而辐射散失热量较慢,郊区则相反;二是城区排放的人为热量比郊区大;三是城区大气污染物浓度高,气溶胶微粒多,在一定程度上起了保温作用。

针对上述热岛效应的成因,可通过以下措施缓解。一是要保护并增大城区的绿地、水体面积,因为城区的绿地、水体对减弱夏季城市热岛效应起着十分有效的作用,有研

究表明,城市绿化覆盖率与热岛强度成反比,绿化覆盖率越高,则热岛强度越低,当覆盖率大于30％时,热岛效应得到显著削弱;覆盖率大于50％时,绿地对热岛的削减效果极其明显。二是城市热岛强度随着城市发展而加强,因此在控制城市发展的同时,要控制城市人口密度和建筑物密度。三是减少人为热量的释放,尽量将民用煤改为液化气、天然气,也可有效缓解热岛效应。四是合理布局城市有污染的工厂以及与郊区之间的距离,达到利用郊区来改善城市环境的效果。

21. 什么是绿色建材?

答:绿色建材又称生态建材、环保建材和健康建材等。它是指采用清洁生产技术、少用或不用天然资源和能源、大量使用城市或工业固体废弃物生产的无毒害、无污染、无放射性、有利于环保和人体健康的建筑材料。

在制造和使用过程中,对地球环境负荷相对最小的材料称为"绿色材料"或"环境材料",它主要是针对地球环境负荷而言;而有益于环境健康的材料称为"环保型材料"或"保健环境材料",它是直接和健康有关的居室小环境,目前在国际上仍处于研究阶段。

22. 绿色建材与传统建材有什么区别?

答:绿色建材与传统建材相比有以下几个方面的基本

特征。

①其生产所用原料尽可能少用天然资源，大量使用废渣、垃圾、废液等废弃物；②采用低能耗制造工艺和无污染环境的生产技术；③在产品配制或生产过程中，不得使用甲醛、卤化物溶剂或芳香族碳氢化合物，产品中不得含有汞及其化合物的颜料和添加剂；④产品的设计是以改善生产环境、提高生活质量为宗旨，即产品不仅不损害人体健康，还应有益于人体健康，产品具有多功能化，如抗菌、灭菌、防霉、除臭、隔热、阻燃、调温、调湿、消磁、防射线、抗静电等；⑤产品可循环或回收利用，无污染环境的废弃物，在可能的情况下选用废弃的建筑材料，如拆卸下来的木材、五金等，不但可回收资源、能源，还可减轻垃圾填埋的压力；⑥避免使用能够产生破坏臭氧层的化学物质的机器设备和绝缘材料；⑦购买本地生产的建筑材料，体现建筑的乡土观念；⑧避免使用会释放污染物的材料；⑨最大限度地减少加压处理木材的使用，在可能的情况下，采用天然木材的替代物——塑料木材，当工人对加压处理木材进行锯切等操作时，应采取一定的保护措施；⑩将包装减到最少；⑪产品的设计是以改善生产环境、提高生活质量为宗旨，即产品不仅不损害人体健康，而且有益于人体健康，产品具有多功能化。

23. 什么是中水？

答：中水，实质是再生水，是指"各种排水经处理后，达

到规定的水质标准,可在生活、市政、环境等范围内杂用的非饮用水"。"中水"这个概念是沿用了日本的叫法,通常人们把自来水叫做"上水",把污水叫做"下水",而再生水的水质介于上水和下水之间,故名"中水"。中水虽不能饮用,但它可以用于一些水质要求不高的场所,如冲洗厕所、冲洗汽车、绿化等。中水的水质指标低于城市给水中饮用水水质指标,但高于污染水允许排入地面水体的排放标准。

24. 什么是可循环材料?

答:可循环材料主要包括:金属材料、铝合金型材、木材、玻璃、石膏等,通过减少生产过程中使用新的原材料带来的能源消耗和环境污染来实现环保的可持续发展。

25. 什么是可再利用材料?

答:可再利用材料是指在不改变回收物质形态的前提下进行材料的直接利用,或者是经过维修、重组后再利用的材料,主要包括管道、木质产品、钢筋、砖石和部分装饰材料等。使用可再利用材料可以省去材料在生产和运输过程中带来的资源耗费和环境污染。

26. 什么是可再生能源?

答:从自然界获取的、可以再生的非化石能源,对环境

无害或危害极小，而且资源分布广泛，适宜就地开发利用，包括风能、太阳能、水能、生物质能、地热能和海洋能等。

风能是指风所负载的能量，风能的大小决定于风速和空气的密度。我国北方和东南沿海地区一些岛屿的风能可再生能源丰富，据估计，我国陆地和海上可开发的风能资源分别为 2.53 亿千瓦和 7.5 亿千瓦。地处东南沿海的浙江的风能资源较为丰富。

太阳能是指太阳所负载的能量，由太阳的直接辐射和天空散射辐射两部分组成，与日照时数密切相关。浙江省的全年日照时数介于 1400～2200 小时，全年总辐射能约为 100 万～120 万卡/平方米。

水能是指流动的水所负载的能量，一般通过捕获水流动的能量发电，成为水电。

生物质能就是太阳能以化学能形式贮存在生物质中的能量形式，即以生物质为载体的能量。生物质能是仅次于煤炭、石油和天然气而居于世界能源消费总量第四位的能源，在整个能源系统中占有重要地位。我国拥有丰富的生物质能资源，我国理论生物质能资源相当于 50 亿吨左右标准煤。目前可供利用开发的资源主要为生物质废弃物，包括农作物秸秆、薪柴、畜禽粪便、城市固体有机垃圾和工业有机废弃物等。现代生物质能的利用是通过生物质的厌氧发酵制取甲烷，用热解法制成燃料气、生物油和生物炭，用生物质制造甲醇和乙醇燃料，以及利用生物工程技术培育能源植物，发展能源农场。

地热能是贮存在地下岩石和流体中的热能，它可以用

来发电,也可以为建筑供热和制冷。据测算,全球潜在地热资源总量相当于 493 亿吨标准煤(也称为煤当量,每千克标准煤的热值为 700 千卡)。

　　海洋能是波浪能、潮汐能、温差能、盐差能和海流能的统称,海洋通过各种物理过程接收、储存和散发能量,这些能量以波浪、潮汐、温度差、海流等形式存在于海洋之中。例如因月亮和太阳对地球的吸引力而带来的在涨潮和落潮之间所负载的能量称为潮汐能;潮汐能和风共同作用形成了海洋波浪,从而产生波浪能;太阳能照射在海洋表面,使海洋的上部和底部形成温差,从而形成温差能。所有这些表现形式的海洋能都可以用来发电。

评价标准篇

27. 中国生态建筑类评价体系如何？

答：在生态住宅评价体系制定方面，我国进行了许多有益的尝试，也相继出台了一些标准。

(1)《中国生态住宅技术评估手册》

为了促进中国住宅产业的可持续发展，中华全国工商联合会房地产商会会同建设部科技发展促进中心、中国建筑科学研究院、清华大学等单位编制了国内第一部生态住宅评估体系《中国生态住宅技术评估手册》，2001年完成第一版的制定，并用于国内第一批"全国绿色生态住宅示范项目"的指导和评估，并于2002年、2003年推出了第二版和第三版，受到业界的广泛关注和认可。该生态评估体系包括小区环境规划设计、能源与环境、室内环境质量、小区水

环境、材料与资源等五大指标,涵盖了住区生态性能的各个方面。

(2)《绿色生态住宅小区建设要点与技术导则》

为加强我国的生态环境建设,根据国家可持续发展战略和"十五"计划纲要的要求,在住宅建设中应贯彻执行"节能、节水、节地、治污"的"八字方针",并在认真总结国内外科研成果和实践经验的基础上,参考有关国际标准,结合我国国情,2001年建设部出台了《绿色生态住宅小区建设要点与技术导则》。该导则主要适用于实施绿色生态住宅小区的新建工程,目的在于引导小区建设过程中,积极采用先进和集成技术,使资源、能源得到充分的利用,并有效地保护生态环境,达到"节能、节水、节地、治污"的目的。该评估体系主要包括总则、能源系统、水环境系统、气环境系统、声环境系统、光环境系统、热环境系统、绿化系统、废弃物管理与处置系统、绿色建材系统共计十个方面。

(3)《绿色奥运建筑评估体系》

北京2008年奥运会明确提出了"绿色奥运"等口号,为此需建立一套科学的评估体系作为评价手段。2003年,清华大学、中国建筑科学研究院、北京市建筑设计研究院等九家单位联合研究开发的《绿色奥运建筑评估体系》正式面世。该评估体系按照全过程监控、分阶段评估的指导思想,评估过程由四个部分组成:第一部分,规划阶段;第二部分,设计阶段;第三部分,施工阶段;第四部分,验收与运行管理阶段。在上述不同建设阶段,分别从环境、能源、水资源、材料与资源、室内环境质量等方面进行评估。只有在前一阶

段达到绿色建筑的基本要求,才能继续进行下一阶段的设计、施工工作。当按照这一体系在建设过程的各个阶段都达到绿色要求时,这个项目就可以认为达到绿色建筑标准。

(4)《国家康居示范工程建设技术要点》

为贯彻《国务院办公厅转发建设部等部门关于推进住宅产业现代化提高住宅质量若干意见的通知》(国办发〔1999〕72号)的精神,落实《国家康居示范工程实施大纲》(建住房〔1999〕98号)所确定的工作内容,2004年建设部住宅产业化促进中心制定并发布了《国家康居示范工程建设技术要点》。该评估体系分规划和设计两个阶段进行评估,其中规划阶段的评估内容包括规划结构、住宅群体、道路与交通、绿地与室外环境、公共建筑与服务设施、技术经济分析及小区规划创新综合附加分七部分,建筑设计阶段的评估内容包括居住平面功能及空间设计、厨卫设计、结构体系与建筑墙体、设备及管线、建筑造型及住宅建筑设计创新综合附加分六部分。

(5)《绿色建筑评价标准》GB/T 50738—2006

2006年3月由建设部和国家质量监督检验检疫总局联合发布的《绿色建筑评价标准》GB/T 50738—2006是我国第一个关于绿色建筑评价的国家标准。该标准并未全部涵盖通常建筑物所应有的功能和性能要求,而是着重评价与绿色建筑性能相关的内容,主要包括节能、节地、节水、节材与环境保护方面。该标准包括节地与室外环境、节能与能源利用、节水与水资源利用、节材与材料资源利用、室内环境质量、运营管理六个部分。每一大类指标均包括控制

项、一般项和优选项。控制项为绿色建筑的必备条件，一般项和优选项为划分绿色建筑等级的可选条件，其中优选项是难度大、综合性强、绿色程度较高的可选项。2007 年、2008 年又相继出台了《绿色建筑评价技术细则》（建科〔2007〕205 号）、《绿色建筑评价标识管理办法》（建科〔2007〕206 号）、《绿色建筑评价技术细则补充说明（规划设计部分）》（建科〔2008〕113 号）、《绿色建筑评价技术细则补充说明（运行使用部分）》（建科〔2009〕235 号）。

（6）《环境标志产品技术要求：生态住宅（住区）》HJ/T 351—2007

该体系主要是在参照《中国生态住宅技术评估手册》（2003 版）、《绿色奥运建筑评估体系》和美国绿色建筑委员会的《绿色建筑评估体系》（LEED—NC 2.1 版）中生态技术评估体系的基础上，对我国的住宅（住区）从场地环境规划、节能与能源利用、室内环境质量、住区水环境和环境与资源五个方面对住宅（住区）全生命周期的各个环节提出了具体要求。在基本架构上分为基本要求和技术要求两部分，基本要求部分指住区建设必须遵循或达到的强制性标准，技术要求则针对规划设计阶段和验收阶段提出了可选的要求和措施。

（7）一些地方标准

《绿色建筑评价标准》（浙江省，DB 33/T 1039—2007）、《绿色建筑标准》（重庆市，DBJ/T 50—2007）、《太原市绿色建筑标准》（太原市，DBJ 04—255—2008）、《江苏省绿色建筑评价标准》（江苏省，DBJ 32/TJ 76—2009）、《绿色建筑评

估标准》(广西壮族自治区,DB 45/T 567)、《绿色建筑评估标准》(北京市,DBT 01—101—2005)。

基于权威性、综合性、指导性和可操作性,本书选择《绿色建筑评价标准》GB/T 50738—2006 作为生态住宅的评价标准,各地方可制定和采用相应的评价标准。

28. GB/T 50738—2006 中生态住宅需满足哪些条件?

答:对新建、扩建与改建的住宅建筑,在其投入使用一年后进行评价;对住宅方面,原则上以住区为对象,也可以单栋住宅为对象进行评价。

标准中的评价指标体系主要包括节地与室外环境、节能与能源利用、节水与水资源利用、节材与材料资源利用、室内环境质量、运营管理六大指标。各大指标中的具体指标分为控制项、一般项和优选项三类,其中控制项为生态住宅的必备条件,优选项主要指实现难度较大、指标要求较高的项目。对同一对象,可根据需要和可能分别提出对应于控制项、一般项和优选项的指标要求。按满足一般项数和优选项数的程度,绿色建筑划分为三个等级,见表1。

同时根据《绿色建筑评价技术细则》(建科〔2007〕205号)、《绿色建筑评价标识管理办法》(建科〔2007〕206号)、《绿色建筑评价技术细则补充说明(规划设计部分)》(建科〔2008〕113号)、《绿色建筑评价技术细则补充说明(运行使用部分)》(建科〔2009〕235号),对一些指标进行量化,每类

指标一般项总分 100 分,所有优选项合并为 100 分,当总分不足 100 分,应按比例将总分调整至 100 分计算各指标的得分。六类指标的相对权值见表 2,一般项和优选项的得分汇总成基本分,根据得分情况,区分同一星级住宅的相对水平。

表 1　划分生态住宅等级的项数要求

等级	一般项数(共 40 项)						优选项数(共 6 项)
	节地与室外环境(共 9 项)	节能与能源利用(共 5 项)	节水与水资源利用(共 7 项)	节材与材料资源利用(共 6 项)	室内环境质量(共 5 项)	运营管理(共 8 项)	
★	4	2	3	3	2	5	—
★★	6	3	4	4	3	6	2
★★★	7	4	6	5	4	7	4

表 2　各指标的权重

指标名称	节地与室外环境	节能与能源利用	节水与水资源利用	节材与材料资源利用	室内环境质量	运营管理
权重	0.15	0.25	0.15	0.15	0.20	0.10

$$基本分 = \sum 指标得分 \times 相应指标的权值$$
$$+ 优选项得分 \times 0.20$$

29. 生态住宅的效益如何?

答:在一定程度上,生态住宅的初期投入较多,为此有很多人担心经济成本过高。但将眼光稍看远一点,比如 3

年、5年、8年,生态住宅会带来一些净收入,如图3所示。图中横坐标表示房屋建成后使用年限,纵坐标表示建房投资。A线表示传统住宅总投资,B线表示生态住宅总投资。如按生态住宅节省下来的钱作为回收的投资,按不变价格计,可获得一条回收累积增长率C线,其与B线交于点Y,则OY′即为回收期的年限,一般为3~5年,多则7~8年。Y-Y′以后即为净得益累积增长期。按房子的使用寿命50年计,则至少有40年为净得益年;而传统建筑却处于耗能等支出累积增长期。

除此之外,因生态住宅带来的生态正效应、环境正效应等,如减少 CO_2 等污染物排放量、增添山水式的生态美、强化其水土保持能力、提升居民的精神文化品质等方面,更是很难用金钱来衡量的。

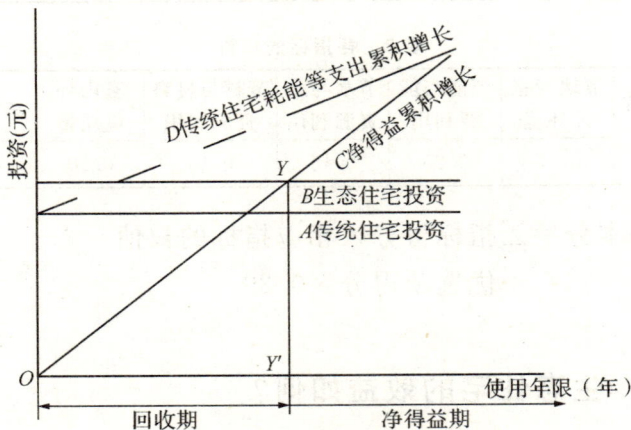

图3 传统住宅与生态住宅投资利益比较

规划设计篇

30. 生态住宅规划有何意义？

答：住宅作为民居和居住处所应从当地地理条件、社会经济条件、地方特色出发，着眼于"节能、节水、节地、治污"，就住宅的建设地点、住宅房子的质量、式样及结构、住宅之间的密度和间距进行统一的规划，最终实现人、社会与自然的和谐统一。

31. 住宅设计应符合什么要求？

答：住宅应执行国家有关工程建设的法律、法规；住宅基地应选择在无地质灾害或洪水淹没等危险的安全地段；住宅总体布局应结合当地的地理与自然环境特征，不应破

坏自然生态环境；住宅建筑物周围应具有能获得日照、天然采光、自然通风等的卫生条件；住宅建筑物四周环境的空气、土壤、水体等不应对人体构成危害，以获得卫生安全的环境；对住宅建筑物使用过程中产生的垃圾、废水、废气等废弃物应进行处理，并应对噪声、眩光等进行有效的控制，不应引起公害；建筑整体造型与色彩的搭配应与周围环境协调；住宅基地应做绿化、美化环境，且完善室外环境设施。

32. 我国气候分区有几个？

答：依据《民用建筑热工设计规范》GB 50176—1993，我国按气候分区分为 7 类大区、20 个小区；按热工分区分为 5 种类型：严寒地区、寒冷地区、夏热冬冷地区、夏热冬暖地区、温和地区。其中的寒冷地区和夏热冬冷地区涵盖了大部分的国土范围、绝大多数的城市和人口，是我国具有代表性的热工地区。

热工分区以最冷月平均温度、最热月平均温度为主要指标；以年日平均气温低于或等于 5℃的日数和年日平均气温高于或等于 25℃的日数为辅助指标。

33. 浙江属于哪个气候分区？

答：浙江省属于夏热冬冷地区。其住宅必须满足夏季防热、遮阳、通风降温要求，冬季应兼顾防寒；相应的建筑物应防台风、防暴雨袭击及盐雾侵蚀、防潮、防洪、防雷电。

$34.$ 建筑朝向对住宅有什么样的影响？

答:在我国大部分地区,建筑物朝向对太阳辐射热量和空气渗透耗热量都有影响。在其他条件相同时,东西向住宅的传热耗热量明显高于南北向住宅;因此,建筑物朝向宜采用南北或接近南北向,主要房间宜避开冬季主导风向。

所谓的良好朝向或最佳朝向范围是对各地日照和通风两个主要因素进行分析后而选择的结果。不同朝向上太阳辐射强度变化会比较大,故合理地选择建筑朝向对营造舒适的室内环境及低耗(甚至零能耗)的住宅是有利的。夏热冬冷地区必须满足夏季防热要求,适当兼顾冬季保温。

$35.$ 在浙江省选择住宅朝向时,主要需要考虑的因素有哪些？

答:在浙江省选择住宅朝向时应考虑风向和日照情况。浙江一些城市的风玫瑰图(所使用的资料均为 1996 年 1 月 1 日—2005 年 12 月 31 日各站点每日 24 小时的观测数据)见图 4。风玫瑰图也叫风频玫瑰图,是根据某一地区多年平均统计的各个风向和风速的百分数值,并按一定比例绘制,由于该图的形状形似玫瑰花朵,故名"风玫瑰"。玫瑰图上所表示的风的吹向(即风的来向),是指从外面吹向地区中心的方向。风频玫瑰图是一个地区多年风向频率的统计图,最大风频意味着一年中这一风向的可能性比较大而已。

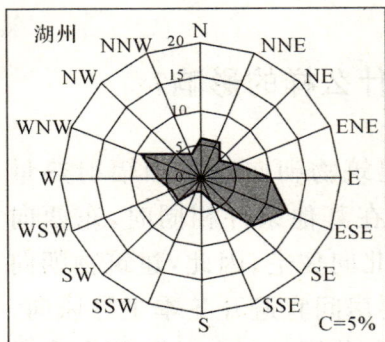

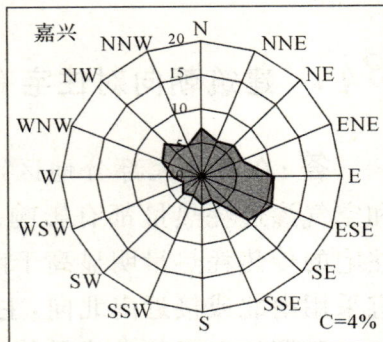

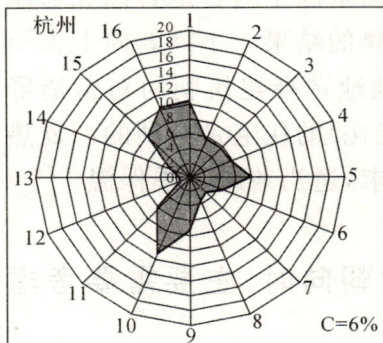

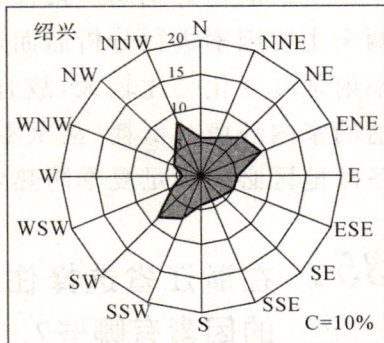

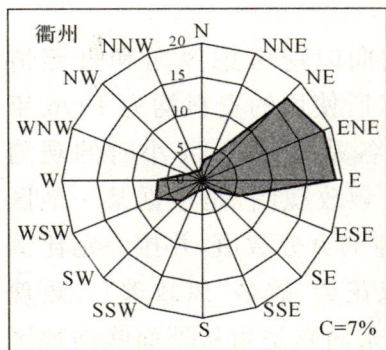

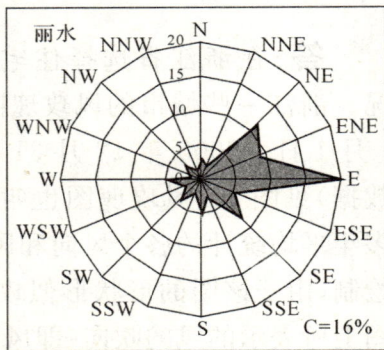

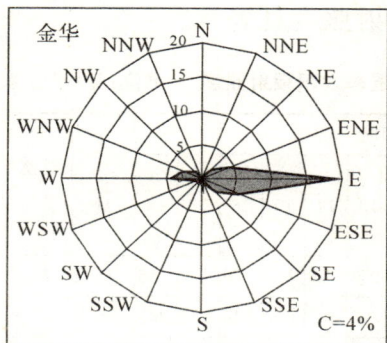

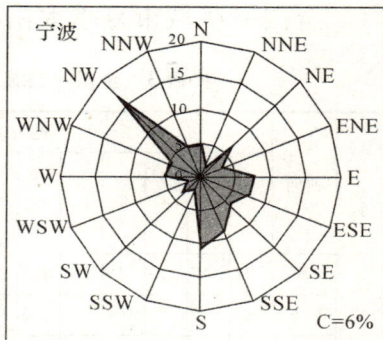

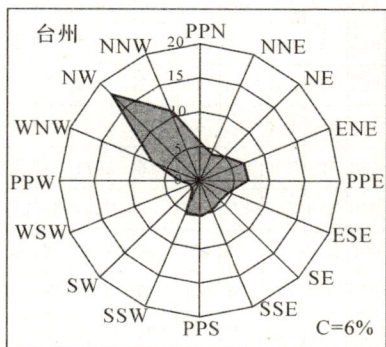

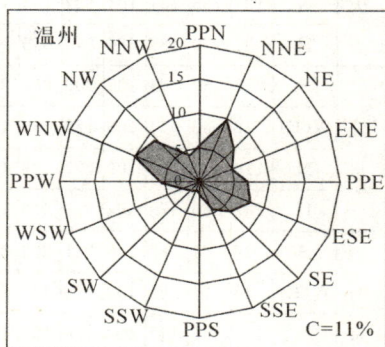

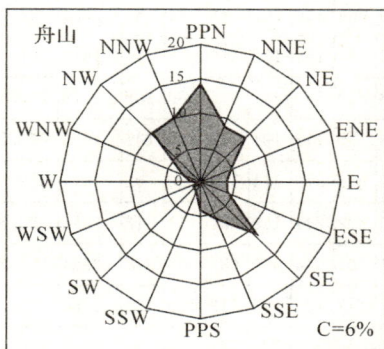

图 4　浙江省各气象区风玫瑰图

全国一些城市夏季太阳辐射照度见表3。

表3　全国一些城市夏季太阳辐射照度　　单位：瓦/平方米

城市名称	朝向	地方太阳时													日总量	昼夜平均
		6	7	8	9	10	11	12	13	14	15	16	17	18		
重庆	S	16	47	79	119	200	252	270	252	200	119	79	47	16	1696	70.7
	W(E)	16	47	79	104	122	133	138	340	509	617	640	555	345	3645	151.9
	N	124	153	131	104	122	133	138	133	122	104	131	153	124	1572	69.7
	H	81	270	487	686	844	945	980	945	844	686	487	270	81	7606	316.9
杭州	S	18	53	84	131	209	261	279	261	209	131	84	53	18	1791	74.6
	W(E)	18	53	84	109	127	138	143	333	490	590	608	521	318	3532	147.2
	N	116	147	127	109	127	138	143	138	127	109	127	147	116	1671	147.2
	H	82	266	473	664	815	910	944	910	815	664	473	266	82	7364	306.8
南京	S	18	51	82	148	237	296	316	296	237	148	82	51	18	1980	82.5
	W(E)	18	51	82	108	126	138	141	350	521	629	650	560	350	3724	155.1
	N	124	146	117	108	126	138	141	138	126	108	117	146	124	1659	69.1
	H	89	281	497	700	860	964	999	964	860	700	497	281	89	7781	324.2
南昌	S	15	46	76	108	189	244	262	244	189	108	76	46	15	1618	67.4
	W(E)	15	46	76	101	118	132	133	350	530	647	676	589	366	3779	157.4
	N	131	161	138	101	118	130	133	130	118	101	138	161	131	1691	70.5
	H	82	280	505	714	879	985	1021	985	879	714	505	280	82	7911	329.6
合肥	S	18	51	81	150	241	302	324	302	241	150	81	51	18	2010	83.8
	W(E)	18	51	81	106	125	137	141	361	544	660	687	596	377	3884	161.8
	N	133	153	119	106	125	137	141	137	125	106	119	153	133	1687	70.3
	H	94	294	521	730	897	1004	1040	1004	897	730	521	294	94	8120	338.3

基于风向和日照两个因素，《浙江省居住建筑节能设计

标准》中建议居住建筑的适宜朝向为南偏东 30°至南偏西 15°,而且要求居住建筑的间距满足日照要求。

此外,建筑的南立面越宽越好,这样冬天太阳照射到南墙面也越大;将东西墙面应设计得窄些,夏季可尽量减少内、外墙面的太阳直射。

36. 主导风向对住宅有什么样的影响?

答:主导风向直接影响夏季室内的自然通风及冬季住宅室内的热损耗。自然通风会将新鲜空气带给室内,增加人体舒适感,夏天还能排除房间余热,而冬季冷风则会带来寒冷的不适感。

37. 浙江省的住宅对风向有什么要求?

答:浙江省夏天盛行东南风,冬天盛行西北风,故可使住宅建筑迎向夏季主导风,在东南面多开窗,使其在夏季时良好地自然通风;同时避免将门窗开在西北面,以避免冷风吹袭,防止冷风从门窗等处进行渗透。

38. 怎样在新农村建设中实现生态住宅?

答:在全面推进社会主义新农村建设的历史性进程当中,开发立体式、“桃花源”生态住宅必将起到举足轻重的作用,为我国新农村建设增添活力。

一是在楼顶（平屋顶）建花园，建立日光温室，不但能节能减排，且能创造相应的经济效益；二是在楼上建造家园，住宅不占地，只占楼顶温室下面的空间，等于一户省出一亩宅基地用于生产，这不但能节约大片土地，而且还能利用完全空余房间搞旅游经济建设；三是在地面建林场或农场，优化组合现代科技要素，构成空间多层利用，光热互补多用，氧气、二氧化碳互利的生态系统；四是在地下建工厂，在经济条件允许的情况下，建立地下室，建食用菌、药用菌生产厂，还可养殖蜗牛、自食的畜禽，建地源热泵、沼气池、蓄水窖等。

39. 什么是生态住宅设计？

答：生态住宅设计，是基于生态原则指导，综合运用当前建筑学、建筑技术科学、生态学及其他技术的成果，把住宅建造成一个小的生态系统，为居住者提供舒适、健康、高效、环保、美观的居住环境的一种实践活动，从而使所在社区生态环境处于良性循环之中。

40. 生态住宅设计应具备哪些内容？

答：一是重视地方性、地域性，要体现地方特性，延续地方文化脉络；二是增强适用技术的公众性意识，采用简单适用技术；三是树立循环使用意识，尽可能地使用可再生材料，以避免破坏性建设；四是尽量应用可再生能源，少消耗

不可再生能源；五是减少建筑体量，降低建设资源使用量；六是避免破坏环境、浪费建材和资源。

41. 生态住宅的设计原则是什么？

答：当前和未来我国的生态住宅设计应当遵循以下原则。

（1）整体设计原则

尊重自然是生态住宅最基本的内涵，使人的行为与自然环境的发展取得同等地位，与环境建立起一种新的协作关系，构建一种和谐的氛围。在设计时，应在满足业主要求与住宅本身目的性的前提下将住宅所处区域纳入其所在的自然环境、经济环境、社会环境的各个方面，尊重传统文化与地域文化特点，促进技术与人文的有机结合，建立不破坏区域环境、技术运用得当、人性化的居住区。整体设计原则主要体现在充分考虑建筑场地如地理环境、场地气候条件、地形、地势等情况下优化住宅的朝向、布局。

（2）高效无污染原则

运行环保材料、新结构及智能技术，尽可能多地降低能耗，提高资源和能源利用率。根据所在地区的气候特点等，充分利用当地的可再生能源如太阳能、潮汐能等，合理进行设计，减少不可再生资源的损耗和浪费，提倡能源的重复循环利用。避免选用对人类有危害的建筑材料，尽量选用可再生的、无害的地方建筑材料，结合当地技术，达到成本降低、建筑环保的双赢目的。人的一生大约有 70% 的时间是

在室内度过的,故需对室内环境包括温度、湿度、空气、日照、电磁场进行优化,在满足使用、心理外,创造高品质的室内环境。

(3)灵活、多适原则

这要求住宅具备足够的弹性、避免建筑过早废弃,使其能得到多次利用,节省建造新建筑所需的重复建设费用;通过对建筑结构、设备等进行灵活控制,完善建筑空间使用的灵活性,将建设所需的资源降至最少;要将环境意识贯穿于住宅建设的整个过程中,落实于气候、技术、文化、场地等各个要素上。

在住宅建设过程中,要尽可能减少能源、资源的消耗,把对环境的污染降到最低,保护生态自然环境、创造健康舒适的室内环境,使建筑生态和经济取得平衡,充分体现人类与自然界的和谐,"既满足当代人的需要,又不损害后代人满足其需要的能力"。

环保设计篇

42. 生态住宅的环保设计理念是什么?

答:一是因地制宜。因我国幅员辽阔、东西南北的跨度大,不同地区之间的地理环境、气候条件、资源分布情况、经济发展状况以及风俗文化都有着巨大的差异,故要采取适当的技术,建设具有当地特色的生态住宅,不可盲目照搬国外、外地的技术与住宅模式。

二是全寿命周期分析的理念,即在住宅寿命的各个阶段——规划设计、施工建造、运营管理中都要体现生态。不仅要在规划设计的阶段利用好生态技术和自然资源以达到节能的目的,还要在施工阶段贯彻绿色理念,把对环境的负面影响减至最小,在随后的营运管理阶段让人们享受健康、舒适、低耗、经济的生活空间,最后的拆除也要减少对环境

的污染。

　　三是体现综合效益最大化。首先,绝不能因贪图舒适建造耗费大量资源的"豪华住宅",也不要为了节约成本、单纯追求环保而建造舒适度很差的住宅,要处理好资源、能源耗费小与让居住者感觉最舒适健康的关系;其次,不能以牺牲环境为代价来换取经济的增长,要处理好经济和生态利益之间的关系,最终达到经济与生态环境双赢的目的;最后,不能因贪图当代人的利益,而牺牲子孙后代的利益,要处理好一时性与持续性的关系,制定阶段性的目标和长远规划,着眼未来,实现可持续发展。

　　四是要体现和谐共生的理念,即要与自然共生,与社会和谐。首先,生态住宅的设计应该尊重当地的环境与资源分布,减少对自然的污染,以做到保护自然;其次,应根据当地气候、能源的情况,充分利用太阳能、风能、地热能等可再生能源,减少对不可再生资源的掠夺式使用,以充分利用自然;最后,还要在实际使用过程中做到防寒、防热、抗震、防泥石流等自然灾害,以防御自然灾害带来的损害。与社会和谐方面,生态住宅要体现当地独特的文化和美学特色,作为一种有形的载体担当起传承历史文化的重任,不能在现代化发展的浪潮中迷失方向。

43. 生态住宅的环保设计要求体现在哪些方面?

　　答:借鉴《绿色建筑评价标准》中相关部分,生态住宅的环保设计要求主要体现在六个方面,即节地与室外环境、

节能与能源利用、节水与水资源利用、节材与材料资源利用、室内环境质量和运营管理。

44. 生态住宅的场地选择与节地环保设计要求是什么？

答：在选择住宅场地时，要遵循"场地建设不破坏当地文物、自然水系、湿地、基本农田、森林和其他保护区"的原则，利用当地的地形地貌，对当地原有的水体、植被进行保护性开发，尽量少造成负面影响。生态住宅选择的建设场地应避开危险源和污染，避开洪灾、泥石流、含氡土壤这些自然灾害的威胁，避开污染物和超标排放的污染源。

在节地方面，可通过多种途径来实现。一般一处住宅的总建设用地可划分为建筑占地、绿化占地、道路广场占地和其他占地几部分，其中建筑物的首层建筑面积占总的建设用地面积的百分比为建筑密度。建筑密度的合理选择与节约土地有十分密切的关系，在满足其他指标条件时，适当地提高建筑密度可节约大量的土地；绿化占地、道路广场占地也是影响建设用地面积的重要因素，在保证绿地率大于30％的条件下，通过道路规划、减少道路广场用地，有利于建筑密度的提高；合理开发利用地下空间，是城市节约土地的有效手段之一，建设地下停车场、地下储藏室等，实现土地资源的多重利用；在村镇、乡村建设中，提倡因地制宜、因形就势，尽量利用荒地、劣地、坡地、零散地建造住宅，充分利用地方材料，保护自然环境，使建筑与自然环境互生共

融;开发节地建筑材料,如利用一些工业废弃物生产的新型墙体材料,既廉价又节能、节地,是今后绿色建筑材料的发展方向;改造加固、充分利用"旧建筑"是节约土地的重要措施之一,对旧建筑的使用可以保留或改变其原有的功能性质,此外,还可保留和延续当地的历史文脉;加强对废弃地的利用,在寸土寸金的今天,开发利用这些废弃地如砖厂、沙石场原厂址可有效地节约大量土地。

45. 生态住宅的室外环境环保设计要求是什么?

答:室外环境设计的基本目标是提高环境质量,利于住区的生态发展,为人们提供休闲娱乐的空间。具体的室外环境的设计包括两个部分:物理环境和景观设计。

在物理环境方面,做好生态住宅小区物理环境的设计是指对小区内的光、声、风、热环境的设计。要防止光污染、提高声环境质量、提高自然通风的效果、防止住宅小区的热岛效应。在建设生态住宅时不仅要在设计时考虑到住宅楼朝向、造型和间距,使其满足日照条件利于居民身心健康和植物的生长,更重要的是防止光污染现象发生;作为居民休息放松场所的住宅对声环境质量要求较高,为保证居民的健康,住宅小区必须远离交通主干道、远离噪声污染大的工矿企业,并采取合理的技术措施防尘减噪;对风环境的要求是"利于夏季、过渡季的自然通风及利于冬季室外行走舒适",尽量减少能源消耗如夏天可利用绿化遮荫和建筑遮荫等方式达到室内凉爽的目的,同时避免"霜洞"、"窝风"的影

响(不将生态住宅建在山谷、洼地、沟底等凹形基地处),避免来于玻璃幕墙和光洁硬地的"辐射干扰",避免"不利风向"以使建筑群达到避风节能之目的,避免"局地疾风"和"雨雪堆积"以减少能耗和提高舒适度。

景观设计主要包括水景观、绿化景观两个方面。水景观和绿化景观的合理设计不但可以美化室外环境,为居民提供更加舒适、优美、健康的户外场所,而且还能起到保持水土、减弱噪音、净化空气、缓解热岛效应的目的。其中绿化率往往是衡量住宅小区的重要指标之一,采用生态绿地、墙体绿化、屋顶绿化等多种形式,对乔木、灌木和地被、攀缘植物进行合理配置,形成多层次复合生态结构,达到人工配置的植物群落自然和谐,尽量保护和利用原有植被,合理配置绿地(如插入的绿地与夏季主导风一致利于通风降温,冬季在垂直冬季寒风的方向种植防风林达到保暖的目的),达到局部环境内保持水土、调节气候、降低污染和隔绝噪声的目的。水体景观的设置要因地制宜,在有水的地方,充分发挥住区周围水系在提高环境景观品位、调节局部微气候、营造动植物生存环境等方面的作用,尽可能减少对场址周边环境自然地貌的改变,在可能的情况下可增加水面面积,尽可能恢复河道周边植被、恢复原有河道失去的功能,但在缺水地方并不是必备的生态景观选项。

46. 生态住宅的节能环保设计要求是什么?

答:在住宅建筑设计方面应从分析住宅场所的气候条

件出发,利用住宅场地的自然条件,合理设计建筑的布局、朝向、间距、平面组合、体形和窗墙面积比例等都可以使住宅获得良好的通风效果和采光效果。针对夏热冬冷地区,尽量通过上述措施使住宅夏季最大限度地减少热量的获得和利用自然条件来防热。

住宅建筑物在使用过程中用于供暖、空调、通风、电梯、照明、电器、动力、烹饪、给排水和热水供应等的能量消耗,称为建筑消耗,其中以空调及采暖耗能最多,大约占到建筑总能耗的 65%;其次是热水供应和电气照明,分别占总能耗的 15% 和 14%;炊事能耗约占 6%。

大部分人在冬季对 16~24℃ 的温度范围感到舒适,在夏季则对 22~28℃ 的温度范围感到舒适。我国大部分地区的室外温度在每年的大部分时间都不能满足上述要求,即使在建筑物内部(没有任何的采暖空调措施)也不能满足上述要求。为此需通过采暖空调的技术手段为人们提供适宜的温度和湿度条件,此过程消耗的能量就是暖通空调能耗。在采暖和制冷方面,要积极响应我国政府 2005 年关于逐步推进对采暖和制冷的按计量收费的标准,使住户按需获得热量和冷量,并按使用量付费,提高住户的节能意识。

此外,住宅小区的照明节能也很重要,在住宅建筑的公共场所,如果有条件,室外尽量使用可再生能源路灯,在楼梯间一般都开设外窗,加强天然采光,白天使用自然光,晚上启动场控或者触摸式延时照明开关达到节能的目的。

47. 生态住宅的布局对能耗有什么样的影响？

答:建筑物布局对建筑耗能影响很大。建筑布局一般分为行列式（包括并列式、错列式、斜列式）、周边式、自由式等几种（见图 5）。

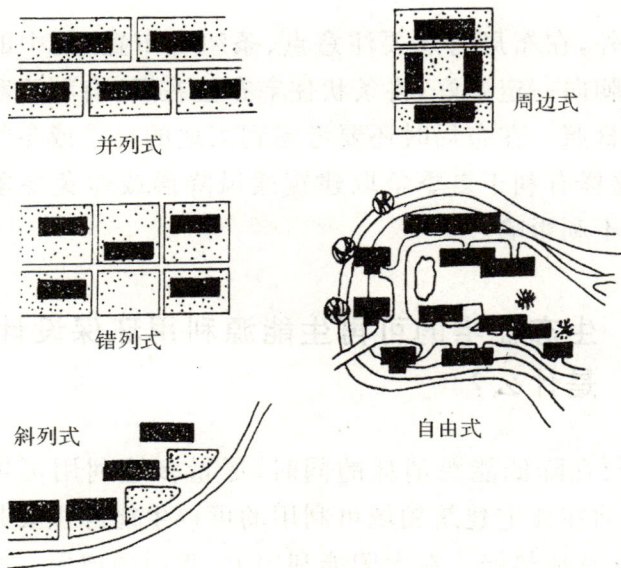

并列式

周边式

错列式

斜列式

自由式

图 5　住宅建筑布局方式

行列式是指建筑物成排成行地布置，这种方式能够争取最好的建筑朝向，大多居住房间能得到良好的日照，且利于通风，目前在我国广泛应用。

周边式是指建筑沿街道周边布置，它可以围合出开阔的庭院空间供绿化、休憩用，但有相当多的居住房间会因朝

向和遮挡致使采光不好，对自然通风也不利。这种方式的布局不适用于夏热冬冷区域，而较适用于北方的寒冷地区。

在地形较为复杂时，自由式是体现地形特点、灵活有效的一种布置方式。这种形式可以充分利用地形，便于采用多种平面形式和高低错落的组合，可有效避免相互之间的阳光遮挡，对日照及自然通风有利，是最常见的一种布置形式。

此外，在布局时还要注意点、条组合布置，其中的点式住宅的朝向一定要好，将条状住宅布置在后，有利于利用空隙争取日照。在布局时还要考虑到当地的夏季或冬季主导风向，这样有利于夏季争取建筑通风降温或避免冬季冷风渗透等不利影响。

48. 生态住宅的可再生能源利用环保设计要求是什么？

答：在降低能源消耗的同时，尽量多地利用可再生能源。目前在住宅建筑领域可利用的可再生能源主要是太阳能、沼气及地热能。在太阳能利用上，我国的成果有太阳能热水系统、太阳能采暖系统、太阳能空调系统和太阳能发电系统；沼气是一种可再生的生物质能源，其发酵原料在农村比较丰富；可用于采暖的地热资源也是一种清洁的能源，但是它在短时间内不可再生，且只能就近利用。

49. 太阳能在生态住宅中应用的优势和形式是什么?

答: 太阳能资源在我国较为丰富(具体分布见图 6),2/3 的国土面积年日照在 2000 小时以上,年平均辐射量超过 0.6 吉焦/平方厘米,各地太阳年辐射量大致在 930～2330 千瓦时/平方米之间。即使在我国太阳能资源较差的地区,年辐射总量也高于伦敦、汉堡等这些世界上太阳能利用较好的城市,从这个意义上来讲,太阳能是最丰富的能源。

太阳能作为一种新能源,与核燃料及常规能源如化石燃料(煤炭、石油、天然气)相比有以下三个优点。一是太阳能的广泛性。太阳能取之不尽,对于山区等交通不便及偏远山区更显示其优越性,在一次投资建好之后,其平时维护费用远比用其他能源的费用要小。二是太阳能的持久性。据估算,太阳的寿命约 600 亿年,远比地球寿命 50 亿年要长得多,从这个意义上来讲,太阳能是最丰富的能源。三是太阳能的清洁性。核燃料工作时要排出放射性废物,化石能源在燃烧时会放出大量气体,这些均会污染环境,而利用太阳能却可大大减少环境污染,是一种很好的清洁能源。

应用比较广泛的太阳能利用技术有太阳能热水系统、太阳能采暖系统、太阳能空调系统和太阳能发电系统。太阳能热水系统是把太阳能转变为热能以加热水并输送至各用户所必需的完整系统装置,该技术在国内最成熟、应用最

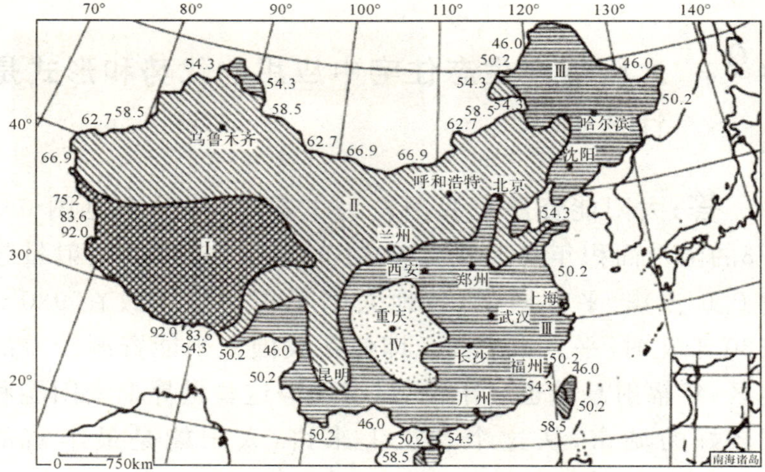

图6　太阳能资源分布图

　　注：Ⅰ资源丰富带 6700 兆焦/(平方米·年)，Ⅱ资源较富带 5400～6700
兆焦/(平方米·年)，Ⅲ资源一般带 4200～5400 兆焦/(平方米·年)，Ⅳ资源
贫乏带＜4200 兆焦/(平方米·年)。

广泛。太阳能热水器与其他热水器的比较见表4。太阳能
采暖系统是指将分散的太阳能通过太阳能集热板、太阳能
热管、真空太阳能管等吸收太阳能的集热器，把太阳能转换
成方便输送、控制、调节的热水，一般将水温控制在 60℃ 左
右，再通过热水输送到地板采暖系统、散热器系统等发热末
端，以提供房间采暖，并配合一定的蓄热设备，使之和我们
的需要相符合。太阳能空调系统的实现方式主要有吸收式
制冷系统和太阳能吸附式制冷两种方式。太阳能用于空调
制冷的最大优点就是季节匹配性好，即天气越热、越需要制
冷的时候，太阳辐射越强，太阳能制冷系统的制冷量也越

（a） （b）

（c）

图 7　太阳能利用

注：（a）太阳能热水器，（b）太阳能发电站，（c）太阳能住宅。

大。太阳能发电系统分太阳能热发电系统和太阳能光发电系统。太阳能热发电是利用集热器将太阳辐射能转换成热能并通过热力循环过程进行发电，是太阳能热利用的重要方面。太阳能光发电系统是通过光电器利用光伏原理将太阳能直接转换为电能。

表 4　太阳能热水器、燃气热水器与电热水器的比较

项　目　　热水器装置类	太阳能热水器 15 支管集热管	燃气热水器 50 元/15 升	电热水器 0.40 元/度
装置投资	2000 元	1000 元	1000 元(加钢瓶)
装置寿命	15 年	6 年	10 年
每年使用天数	300	365	365
每天洗浴次数	冬季 3 人 夏季 8 人	冬季 3 人 夏季 8 人	冬季 3 人 夏季 8 人
日产热水重量 (升/℃)	冬季 80/40 夏季 200/40	冬季 80/40 夏季 200/40	冬季 80/40 夏季 200/40
每年燃料动力费	0	810	675
每人次燃料动力费	0	0.6	0.5
每人洗浴平均费用	0.10	0.71	0.574
15 年装置总费用	2000	2350	1500
15 年所需总费用	2000	14500	11925
是否会发生人身事故	无	可能	可能性较小
环境污染	无	无	较小
临时停水贮水功能	有	有	无
二次加热更省燃料	能	不能	不能
优缺点	安全、方便节能、无污染、受阳光控制	有不安全因素、费气	不及时、费电

50. 沼气作为可再生能源在新农村生态住宅中应用有什么优势？

答：一是原料比较丰富，农作物秸秆、杂草、人畜粪便等有机物质在农村很丰富；二是大多数农家在新农村建设中进行了"三改"，即改厕、改圈、改厨，为沼气池的建设提供了有利条件；三是可为居民提供优质的生活环境和创造经济效益，利用农村丰富的有机物质发酵生产的沼气基本可满足居民日常烧饭、照明等需求，既节省了煤又节省了电费。

51. 农村中沼气池的选址规划要求及效益如何？

答：建设的沼气池应与房屋、周围环境相协调，以利于保持环境的优美与卫生；沼气池应靠近厨房、应当与猪栏和厕所连通修建、远离铁路与公路、避开树林与竹林；尽量选择地基好、地下水位低和背风向阳的地方建池。

以一个容积为 10 立方米的沼气池为例，沼气池的建设不但大大改善了农村的人居环境，大大改变了以前脏、乱、差的现象，而且每户用沼气池每年可减少 1.64 吨二氧化碳、0.0053 吨二氧化硫、7.56×10^{-4} 吨的粉尘。经估算，每户用沼气池每年还可节约 0.63 吨标准煤。总的来说利用沼气具有显著的社会效益、生态效益和经济效益。

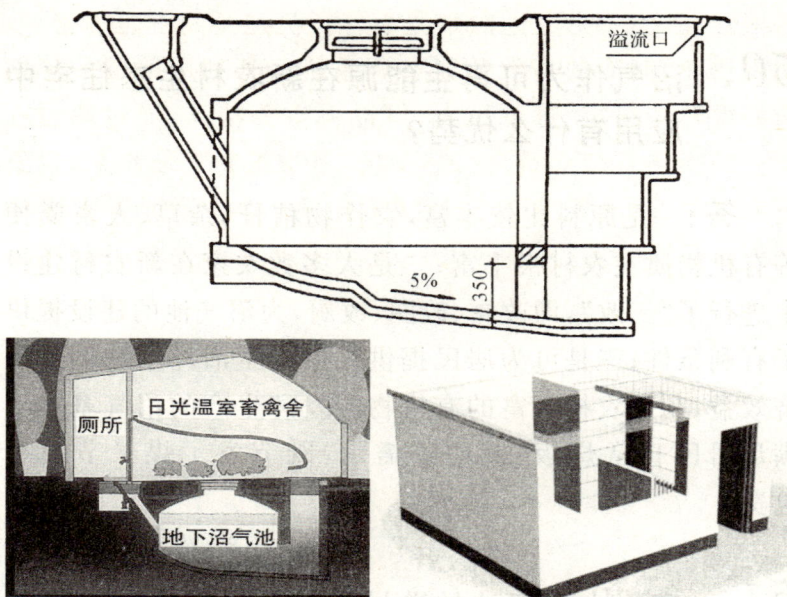

图 8 农村户用沼气池的构造及示意图

52. 地热能在生态住宅中如何应用?

答:地热能是来自地球深处的可再生热能。它来自于地球的熔融岩浆和放射性物质的衰变。地下水的深处循环和源自极深处的岩浆"入侵"至地壳后,把热量从地下深处带到近表层。在有些地方,热能随涌出的热蒸汽和水而到达地面,其储量相当丰富。据估计,每年从地球内部传到地面的热能相当于 100 皮瓦/小时。

浅层地热能成为近年来地热能在建筑物包括住宅的主

要地热能,主要是通过热泵技术将低位能向高位能转移,以实现供热、制冷的高效节能空调系统。其利用地层一年四季温度较为恒定、热容量大、可以再生等特点,通过埋设在地下的换热管与土壤进行热交换,冬季把"热"取出来,供给室内采暖;夏季把室内的"热"取出来,释放至地下土壤中去。依据换热方式不同又可以分为地埋管地源热泵利用系统、地下水地源热泵利用系统、地表水地源热泵利用系统(见图9)。

图9 地热能利用系统示意图

具有以下优点:一是地热能属于可再生能源,浅层地热可以重复循环使用;二是能效比可达4~5,可以节约30%~40%甚至更高的供热制冷空调综合运行费用,属于经济有效的节能技术;三是地源热泵的污染物排放较其他形式供热空调系统减少40%~70%,环境效益显著;四是用途广泛,可集采暖、空调制冷和提供生活热水于一身,能实现一机多用;五是由于地热热泵本身的特点,运行工况较为稳定,故障率低,使用寿命长,维护费用低。

目前地热能的利用形式有地热发电、地热供暖、地热务农、地热行医。地热发电是最常用的形式,又分为节省蒸汽

型地热发电和热水型地热发电。地热供暖则是直接将地热能用于采暖、供热和供热水，这种方式仅次于地热发电的地热利用方式。在我国，地热能广泛应用于农业，比如云南、北京、天津等都建有面积大小不等的地热温室；此外，有些地方还利用地热大力发展养殖业，如养殖罗非鱼、罗氏沼虾等。目前地热在医疗领域的应用也有诱人的前景，其中热矿水被视为一种宝贵的资源，世界各国都很珍惜。在住宅中地热发电、地热供暖是地热能利用的主要形式。

53. 生态住宅在节能方面对体形系数有什么要求？

答：建筑体形系数对建筑节能增量成本有巨大影响。体形系数越大，单位建筑面积对应的外表面积越大，外围护结构的传热损失也越大，将直接造成建筑节能增量成本大幅增加，研究表明，体形系数每增大 0.01，能耗指标约增加 2.5%，严重时甚至导致后期无法完成建筑节能设计；体形系数越小越节能，但体形系数过小，将制约建筑师的创造性，使住宅造型呆板，平面布局困难，可能会损害住宅功能，见图 10。

体形系数与建筑物的层数、体量、形状等因素有关。由图 11 可知，圆形底面形状的建筑其体形较小；平房和低层建筑其体形系数较大，多层和高层其体形系数较小。合理选取住宅建筑平面形式，权益利弊，减少不必要的凹凸变化、简化外立面设计、严格控制建筑体形系数，使建筑物本身具备节能的可能性，才能在后期建筑设计时采用适用、经

济、安全的建筑其他节能措施。

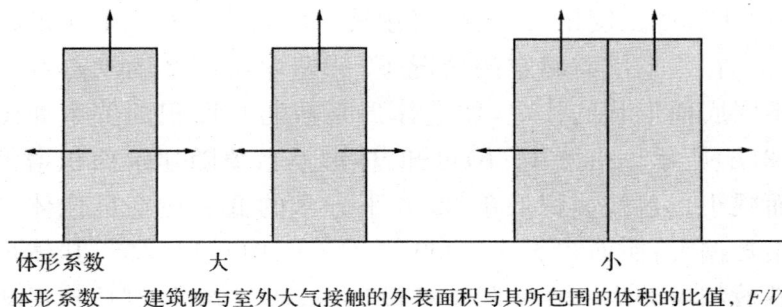

体形系数　　　　大　　　　　　　　　小

体形系数——建筑物与室外大气接触的外表面积与其所包围的体积的比值，F/V

图 10　体形系数与节能的示意图

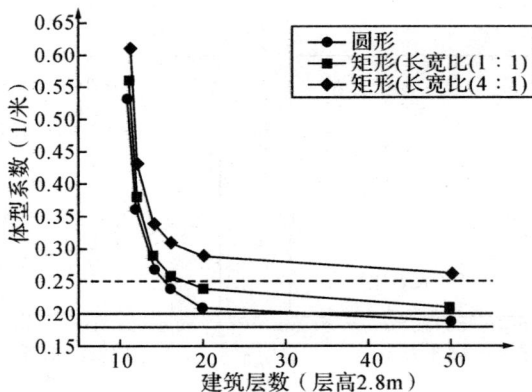

图 11　建筑层数与体形系数的关系

在住宅层高确定下（普遍取层高为 2.8 米），针对不同底面形状的住宅，住宅最佳节能层数与总面积的关系如图 12(a)所示。由图 12(a)可知，若住宅底面形状是圆形或正方形，则当住宅面积为 3000～5000 平方米时，层数以 5～6

层为宜,当住宅面积为 5000～8000 平方米时,以 5～6 层为宜;从节能角度出发,超高层建筑的底面形状宜采取圆形。

在住宅层高确定的情况下(普遍取层高 2.8 米),针对不同底面形状的住宅,住宅体形系数与总面积的关系如图 12(b)所示。由图 12(b)可知,体形系数值随建筑面积增大而减小。建筑面积低于 2000 平方米的低层住宅最佳体形系数偏大;而面积大于 5000 平方米的中高层住宅,其体形系数相对较小。在实际工程设计中,从节能、控制体形系数考虑,在满足规划和使用功能要求的前提下,尽量首选高层和中高层,其次选多层,低层住宅除有特殊要求外,要少采用。

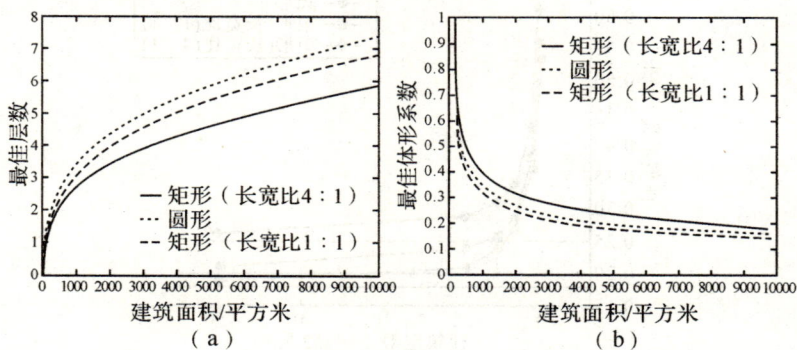

图 12 最佳层数、最佳体形系数与建筑面积的关系

针对夏热冬寒的浙江省区域,其生态住宅的体形系数要满足表 5 中的标准。

表 5　居住建筑体形系数的限值

地上建筑层数	≤3	4～7	8～12	≥13
建筑的体形系数	≤0.50	≤0.40	≤0.35	≤0.30

注:(1)当居住建筑设有架空层(无任何居住或辅助用房)时,地上建筑层数从架空层以上进行计算;

(2)当单幢居住建筑底层设有大于 300 平方米的商业网点,或第二层及以上层设有商业网点时,如将居住部分与商业部分分开进行节能计算,居住建筑节能层数可从居住用房部分开始进行计算;

(3)当居住建筑中有 1 层或若干层的层高超过 3 米时,应对这些层按照其高度总和除以 3 米进行层数折算,余数不足 1.5 米时,多出部分不计入建筑层数;余数大于或等于 1.5 米时,多出部分按 1 层计算。

54. 围护结构在节能方面有什么作用?

答:在整个住宅的热损失中,围护结构传热的热损失高达 70%～80%,故其直接影响着住宅建筑的能耗,越是保温隔热好的住宅建筑其节能效率越好,室内舒适性也就越好。因此,加强住宅建筑围护结构的节能设计是实现生态住宅的基本条件。

55. 围护结构中外墙在节能方面有什么作用?

答:外墙作为主要的围护结构,所占比重最大。冬季通过墙体散失的热量约为住宅建筑总散热量的 25%,夏季通过墙体吸收的热量约为住宅建筑总吸热量的 35%,是热

量得失的主要通道。所以降低建筑的能耗,外墙至关重要,提高外墙的保温隔热性能,既能改善住宅建筑物的居住舒适度,又可起到提高节能效果的作用。

56. 外墙怎样实现隔热保温?

答:针对外墙的保温、隔热性能方面,主要可采用不同的保温材料与基层墙体复合,构成复合保温墙体如外保温、内保温、自保温、中保温或组合保温等几种方式(见图13)。

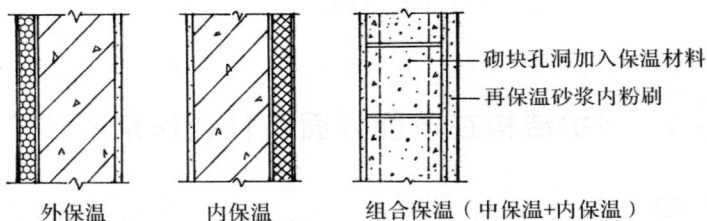

外保温　　　　　内保温　　　　　组合保温(中保温+内保温)

砌块孔洞加入保温材料
再保温砂浆内粉刷

图13　外墙保温的几种形式

一是采用外保温复合墙体(由主体墙、高效保温隔热层、通风层、耐候饰面层四部分组成),常见的保温材料有聚苯颗粒保温砂浆、膨胀珍珠岩、保温砂浆、稀土保温砂浆等,可通过粘贴或钉固的方式将其应用于外墙表面(见图14)。保温层置于外墙的外表面是一种先进的外墙节能技术,具有以下六大优越性:①保温隔热性能优良,因为外保温墙体其蓄热能力较大的结构层在保温板内侧,当室内受到不稳定热作用时,室内空气温度上升或下降,墙体结构层能够吸引或释放热量,故有利于室温保持稳定;②能保护主体结

构,外保温技术由于保温层置于建筑物围护结构外侧,缓冲了因温度变化导致结构变形产生的应力,避免了雨、雪、融、冻、干、湿循环造成的结构破坏,减少了室外空气中有害气体和紫外线对围护结构的侵蚀,因此外保温有效地延长了主体结构的使用寿命,减少了长期维护费用;③能消除结构性热桥现象,"热桥"指的是在内外墙交界处、构造柱、框架

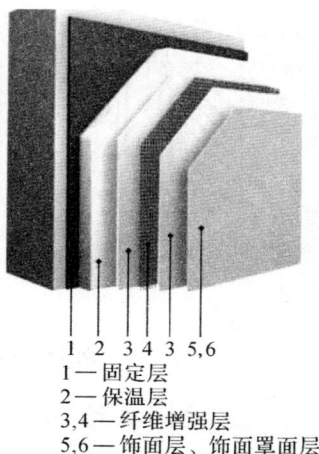

1 2 3 4 3 5,6
1—固定层
2—保温层
3,4—纤维增强层
5,6—饰面层、饰面罩面层

图14 外墙外保温系统

梁、门窗洞等部位,形成的散热的主要渠道,内保温的"热桥"难以避免,而外保温不但可以防止"热桥"部位产生结露,还可以消除"热桥"造成的热损失,进而降低采暖支出;④保温层不占室内使用面积,消费者买房最关心的就是房屋的使用面积,由于保温材料贴在墙体的外侧,不占用室内使用面积,故不影响室内使用面积;⑤不影响室内装修,不管是买新房还是买二手房,消费者一般都需要按照自己喜好进行装修,在装修中,置于墙体外侧的外保温可以避免遭受破坏;⑥便于既有住宅的节能改造,以前的旧建筑物大部分不能满足节能的要求,为此需对旧房进行节能改造,采用外保温方式对旧房进行节能改造,最大的优点是无需进行临时搬迁,基本不影响住户的正常室内生活。在可能的条件下宜采用外保温的形式。

1—墙体(a—混凝土墙，b、c—砖墙)　　2—空气层

3—加气混凝土　　4—抹灰层

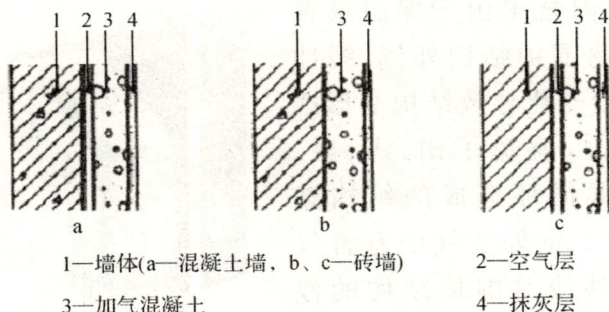

图 15　加气混凝土内保温构造

　　二是采用外墙内保温的形式来达到保温效果(见图15)。目前内保温多采用粉刷石膏作为黏结和抹面材料，通过使用聚苯颗粒或聚苯板等保温材料达到保温效果；还可以应用一些软质材料如保温壁纸、隔热窗帘等来达到效果。内保温具有以下的一些优点：施工较简便，受气候影响小；造价相对较低；外饰面自由度大。但具有以下一些缺点："热桥"保温处理困难，易出现结露现象，如梁、构造柱及出挑的混凝土构件及带肋的保温板等会造成"热桥"现象，不仅影响室内美观，更严重的是"热桥"部位会产生结露现象，甚至流水、发霉，影响使用；主体结构无保护，特别是温差变形大，由于外墙受到的温差大，直接影响到墙体内表面应力变化，这种变化一般比外保温墙体大得多；占用室内面积，据不完全统计，在高层建筑中，每户约要损失 1.3～1.5平方米使用面积，这对于现今大量的个人购买商品住宅来说，使用率逐渐成为购房者选择的重要因素；对装修有影响，因为内保温的存在会使重物钉挂困难，在安装空调、电

话及其他装饰物等设施时尤其不便,而且用户在进行二次装修时会造成内保温的破坏,这类事例已屡见不鲜。内保温主要适宜于间歇使用的房间如体育馆,因具有上述缺点已于 2004 年 7 月 1 日起被限制使用。

三是可采用外墙自保温体系达到保温效果。外墙自保温系统是墙体自身的材料具有节能阻热的功能,当前使用较多的加气混凝土砌块,尤其是砂加气混凝土砌块,这些砌块里面有许多封闭小孔,保温性能良好。自保温混凝土房屋结构作为一种全新的建筑整体性节能保温技术,与外墙外保温、外墙内保温体系相比,墙体自保温体系有其独特的优越性。该系列技术的优点如下。在节能方面,可使住宅的节能效果达到 65％以上,最大限度地实现住宅建筑节能设计标准的预期目标;保温置于结构内部,使用寿命可长达50 年以上;大部分混凝土构件实现工厂化生产,可现场拼装,保证了建造的高质量。在价格方面,自保温混凝土结构的墙体比普通的要低 20％～25％;维护费用低,外装饰能实现多样化。尽管外墙自保温优势明显,但推广难度仍然不少。首先,由于自保温材料强度比较低,抗裂性不很理想,时间长容易产生墙体开裂现象;其次,现有大量高层建筑中填充墙所占比例不高,故使得外墙自保温系统受到限制;最后,相对于外墙外保温系统,自保温体系所用加气混凝土砌块等的隔热保温性能远不如外保温所用的保温砂浆、聚苯板等材料的保温性能,所以自保温墙体的厚度较大,其使用面积也较小,因此在实际工程中外墙自保温采用较少。

当然还可以将上述几种保温形式组合起来使用,具体

应用范围因住宅建筑的需要而灵活使用。

此外，选择浅色而光滑的饰面材料作为外墙和屋顶的颜色，也有利于墙体的隔热需求；在外墙部位进行立体绿化，也有利于节能降耗（见图 16）。

图 16　外墙面立体绿化

57. 围护结构中门窗在节能方面有什么作用？

答：住宅建筑的热交换中，70％通过门窗，30％通过墙体和屋面。外门窗是住宅能耗散失的最薄弱部位，其能耗占住宅总能耗比例也较大，其中传热损失为 1/3，冷风渗透为 1/3，所以在保证日照、采光、通风、观景要求的条件下，尽量选择合适的窗型，控制窗墙比，提高外门窗的气密性，减少冷风渗透，提高外门窗本身的保温性能，采取有效的遮阳措施，以减少外门窗本身的传热量。

选择合适的窗型。窗型是影响节能性能的第一要素。推拉窗的节能效果差，而平开窗和固定窗的节能效果较好。推拉窗利用滑轨来回滑动，上部有较大的空间，下部有滑轮

间的空隙,窗户上下形成明显的对流交换,造成较大的热损失,此时不论采用何种隔热型材作窗框都达不到节能效果。平开窗的窗户和窗框间一般有橡胶密封压条,在窗户关闭后,窗户和窗框间几乎没有空隙,很难形成对流,热量流失主要是玻璃、窗户和窗框型材本身的热传导、辐射散热和窗户与窗框接触位置的空气渗漏,以及窗框与墙体之间的空气渗漏等。固定窗由于窗框嵌在墙体内,玻璃直接安装在窗框内,玻璃和窗框采用密封胶或者胶条密封,空气很难通过密封胶形成对流,很难造成热损失。在固定窗上,玻璃和窗框热传导为主要热损失的来源,如果在玻璃上采取有效措施,就可以大幅度提高节能效果。因此,就结构方面来讲,固定窗是最节能的窗型。

控制窗墙比。窗墙比,又称窗墙面积比,即窗户洞口面积与其所在外立面面积(包括门、窗面积在内)的比值。普通窗户的保温隔热性能比外墙差很多,而且夏季白天太阳辐射还可以通过窗户直接进入室内。一般说来,窗墙面积比越大,建筑物的能耗也越大。为此尽量减少窗墙比。此外其窗墙比还与朝向等有关系。在夏热冬冷的浙江地区,不同朝向外窗的窗墙面积比限值见表 6。

表 6 不同朝向外窗的窗墙面积比限值

朝　向	窗墙面积比
北	0.40
东、西	0.35
南	0.45
每套房间允许一个房间(不分朝向)	0.60

提高住宅外窗的气密性,减少冷空气渗透。如设置泡沫塑料封条,使用新型的、密封性能良好的门窗材料。门窗框与墙间的缝隙可用弹性松软型材料(如毛毡)、密封膏、弹性密闭型材粒(如聚乙烯泡沫材料)及边框设灰口等密封;框与扇的密封可用橡胶、橡塑或泡沫密封条以及高低缝等;扇与扇之间的密封可用密封条、缝外压条或高低缝等;扇与玻璃之间的密封可用各种弹性压条等。总之,住宅建筑物1~6 层的外窗及敞开式阳台门的气密性等级,不应低于国家标准《建筑外门窗气密、水密、抗风压性能分级及检测方法》GB/T 7106—2008 中规定的 4 级;7 层及 7 层以上的外窗及敞开式阳台门的气密性等级,不应低于该标准规定的6 级。

提高外门窗本身的保温性能。户门与阳台门应结合防盗、防火要求,在门的空腹内填充岩棉板或聚苯乙烯板,以增加其绝热性能,降低其传热系数(传热系数是指在单位时间内通过单位面积的传热量);窗户最好采用塑料窗和钢塑复合窗,这样可避免金属窗产生的冷桥,可设置双玻璃或三玻璃,并积极采用镀膜玻璃、中空玻璃,在条件允许的情况下,可采用低辐射玻璃;缩短窗扇的缝隙长度,减少小窗扇、采用大窗扇,扩大单块玻璃的面积,减少窗芯,合理地减少可开启的窗扇面积,适当增加固定玻璃及固定窗扇的面积。在夏热冬冷的浙江地区,不同朝向、不同窗墙面积比的外窗传热系数见表 7。

表7　不同朝向、不同窗墙面积比的外窗传热系数和综合遮阳系数限值

建筑	窗墙面积比	传热系数 瓦/(平方米·开)	外窗综合遮阳系数 SCW(东、西向/南向)
体形系数 ≤0.4	窗墙面积比≤0.20	4.7	—/—
	0.20<窗墙面积比≤0.30	4.0	—/—
	0.30<窗墙面积比≤0.40	3.2	夏季≤0.40/夏季≤0.45
	0.40<窗墙面积比≤0.45	2.8	夏季≤0.35/夏季≤0.40
	0.45<窗墙面积比≤0.60	2.5	东、西、南向设置外遮阳 夏季≤0.25/冬季≥0.60
体形系数 >0.4	窗墙面积比≤0.20	4.0	—/—
	0.20<窗墙面积比≤0.30	3.2	—/—
	0.30<窗墙面积比≤0.40	2.8	夏季≤0.40/夏季≤0.45
	0.40<窗墙面积比≤0.45	2.5	夏季≤0.35/夏季≤0.40
	0.45<窗墙面积比≤0.60	2.3	东、西、南向设置外遮阳 夏季≤0.25/冬季≥0.60

　　采取有效的遮阳措施。窗口遮阳可防止直射阳光进入室内而引起室内过热(见图17)。东、西向窗户是遮阳设计的重点。遮阳的效果可以用遮阳系数来评价。遮阳系数是指在直射阳光照射的时间内,透进有遮阳窗口的太阳辐射量与透进无遮阳窗口的太阳辐射量之比。遮阳系数越小,防热效果越好。一方面可采用绿化和构件遮阳。合理选择树种,安排适当的位置植树或在窗外种植藤蔓植物就是绿化遮阳;构件遮阳有加宽挑檐,设外廊、阳台、旋窗等。另一方面采用外遮阳方式进行遮阳,其防热效果好。其中固定遮阳板简单、成本低,便于维护,固定外遮阳板的适用朝向及特性见表8;活动遮阳板可调节,除南向外,活动遮阳板

均比固定遮阳板效率高。此外,还可采用窗帘、卷帘、百叶、活动百叶等内遮阳方式防热。内遮阳的效果不如外遮阳好,但内遮阳调节灵活,使用方便,内遮阳还可控制眩光,提高私密性,有保温及装饰功能,还可使用浅色百叶窗或者窗帘增加反射阳光的效果,冬天可换成深色以便于充分吸收阳光热量,提高室内温度。当然固定与活动、内遮阳与外遮阳、实体与绿化相结合的遮阳方式效率最高。针对夏热冬冷的浙江地区,其综合的遮阳系数须满足表7的限值。

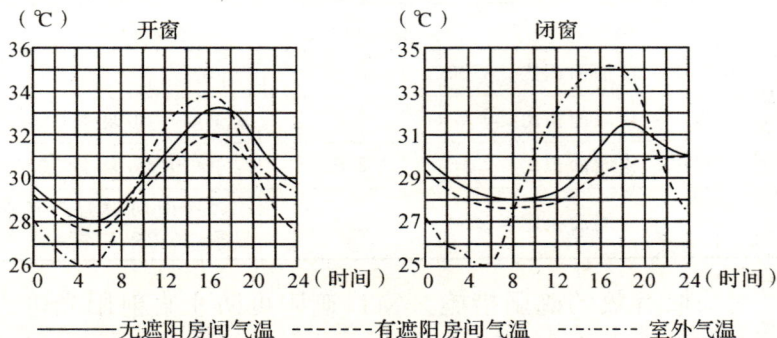

——— 无遮阳房间气温　------- 有遮阳房间气温　-·-·-·- 室外气温

图 17　遮阳对夏季室内温度的影响

表 8　固定外遮阳特性

遮阳方式	适用朝向	遮阳特性
水平遮阳板	南	不利于热空气散逸
水平百叶板	南	热空气容易向上散逸
水平遮阳板悬挂水平百叶	东南、南、西南	减少水平板尺寸,影响视线
垂直遮阳板	东南、西南	限制视线,空气自由运动
垂直百叶	西北、北、东北	限制视线
方格板	西、东	限制视线,不利于热空气散逸

58. 楼地面应采用哪些节能技术措施？

答: 楼地面的节能技术,根据层间楼板、外挑楼板或架空和底层地面这些不同部位,用不同的节能技术措施。层间楼板可采取保温层直接设置在楼板上表面或楼板底面,采取铺设木龙骨(空铺)或无木龙骨的实铺木地板。铺设木龙骨的空铺木地板,在木龙骨间嵌填一些板状保温材料,将会使楼板层的隔热和保温性能更好;楼板上表面的保温层,采用泡沫玻璃保温板等板材或其他强度适中的保温砂浆等材料;板底面的保温层,可采用强度较高的保温砂浆抹灰。

59. 在夏热冬寒的浙江省地面构造有什么要求？

答: 浙江在春末夏初的季节易出现房间潮湿,这是由于湿度过大的空气与温度过低的地面直接接触所致,这既影响健康也影响家居的美观,为此需对地面进行防潮操作。地板的防潮及保温隔热分为两种情况:一种是地板与地面直接相连,地表采用蓄热系数小、带微孔的面层材料来处理(见图 18);另一种是采用架空的方式,使地板直接与室外空气对流,进而减少温差,此种条件下架空层地板相当于外围护结构,应进行必要的保温隔热处理。

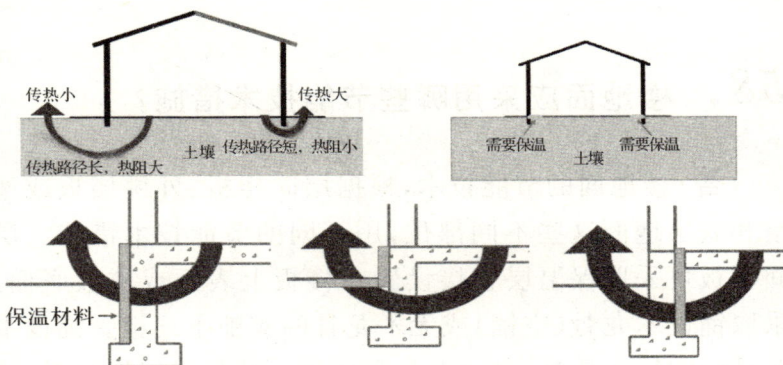

图 18　地板传热路径及保温材料铺设位置

60. 浙江省生态住宅对屋顶构造有什么要求？

答：由于浙江省所在地理位置需防雨、防台风，所以屋顶采用坡屋顶最好，能使墙体、门窗都置于大屋顶的遮盖下，避免大雨的冲洗；同时倾斜的屋面也是排水防雨的最佳形式；此外，坡屋顶可争取更大的内部空间，其形成的空气层在冬季是良好的保温层，在夏季又起到通风散热的作用。

坡屋顶还便于设置隔热保温层，在吊顶内部铺设一层带金属反射膜的隔热保温材料如膨胀珍珠岩、膨胀蛭石、加气混凝土块、沥青膨胀珍珠岩板、水泥聚苯板、聚苯乙烯泡沫塑料板等以提高隔层的绝热性能；在屋顶设置一个架空的流动空气夹层或设置通风口，以做到冬暖夏凉。

还可以采用淡浅色屋面、种植屋面等隔离太阳辐射热，减少阳光直射。种植屋面应根据地域、气候、建筑环境、建

筑功能等条件,选择相适应的屋面构造形式。如对屋面进行绿色覆盖,既可遮阳,又能隔热,而且通过光合作用,可消耗或转化部分能量,也起到美化环境作用。

61. 生态住宅的节水与水资源利用环保设计要求具体体现在哪些方面?

答:我国是一个干旱缺水严重的国家。我国的淡水资源总量为 28000 亿立方米,占全球水资源的 6%,仅次于巴西、俄罗斯和加拿大,名列世界第四位。但是,我国的人均水资源量只有 2300 立方米,仅为世界平均水平的 1/4,是全球人均水资源最贫乏的国家之一,我国已经被联合国列为世界 13 个人均水资源贫乏国家之一。

中国从 20 世纪 70 年代以来就开始闹水荒,80 年代以来中国的水荒由局部逐渐蔓延至全国,对农业和国民经济已经带来了严重影响。据统计,我国目前缺水总量估计为 400 亿立方米,每年受旱面积 60 万～200 万平方千米,价值 2000 多亿元,全国还有 7000 万人饮水困难。缺水对环境和人的身心健康都有着严重的影响。

为此,需要在每个方面包括生态住宅进行节水利用。生态住宅的节水与水资源利用环保设计主要体现在三个方面:一是完善给排水系统,二是再生水利用,三是其他节水措施。

62. 城镇或临近城镇的生态住宅的完善的给排水系统环保设计要求有哪些？

答：一是采取有效措施避免管网漏损。使用质量合格的设备和配件，正确安装，做好密封和防腐工作，定期检测维修，从根本上减少缦带排水管网的漏损量。

二是引入合理的供水方式，构成节水型供水系统。要采用新型的加压供水方法，比如气压供水系统、管网叠压供水系统等新方法；取消供水设施中的出水设备，避免出现二次污染的现象；对高层住宅应采用分区供水的方式，避免中低楼层的用水器具受不了高压，出现"超压出流"的现象。

三是在排水系统方面，首先要保证排放的污水能够达标，不会对水资源造成污染；其次在排水管道的设计方面，对冲厕污水和其他生活废水分开管道排水，进而有利于对生活废水进行收集和处理回用，减少供水量和污水排放量。

63. 在远离城镇的民居点其住宅水源从哪些方面进行保证？

答：一是在良好地下水源的地方，可深井取水，可建设集中供水井或分户供水井；二是在民居分散的山丘区，建设分散式供水工程或建设小型水源工程，使用小型净水和消毒设施，建立一批小型独立供水系统。

64. 生态住宅的再生水利用环保设计要求有哪些?

答:在缺水地区应该在住宅建筑设计的时候就制订合理使用再生水的方案,提倡对水资源的循环使用,节省居民的开支,有效地保护水资源,其再生水的使用量应达到小区用水量的 30%。再生水主要包括中水、雨水和海水。在居民生活中,冲厕用水、水景观用水、绿化浇水应优先选用中水,减少对新鲜水的使用量;实施雨水回收再利用可以节省政府在扩建防洪排污设施方面的投资,而且还可以有效地回灌补充地下水;我国的海水资源很丰富,浙江省在这方面具有得天独厚的优势,充分利用海水资源,可有效解决我国沿海一些地区缺水的困扰。

65. 再生水中中水处理工艺流程的选择原则及常用处理工艺是什么?

答:选择原则有以下四点:一是尽可能选用定型成套的综合处理设备;二是对于小型规模的中水处理站,不可能配置较多的运行操作人员;三是一般中水处理站多设在地下室、自成独立的建筑物或采用地埋式处理设备;四是尽可能选择优质杂排水(污染程度较低的排水,如冷却排水、泳池排水、沐浴排水等)或杂排水(民用建筑除粪便污水外的各种排水),以便简化流程,减少一次投资。

常用的处理工艺流程有以下四种(见图 19)。

工艺流程一

工艺流程二

工艺流程三

工艺流程四

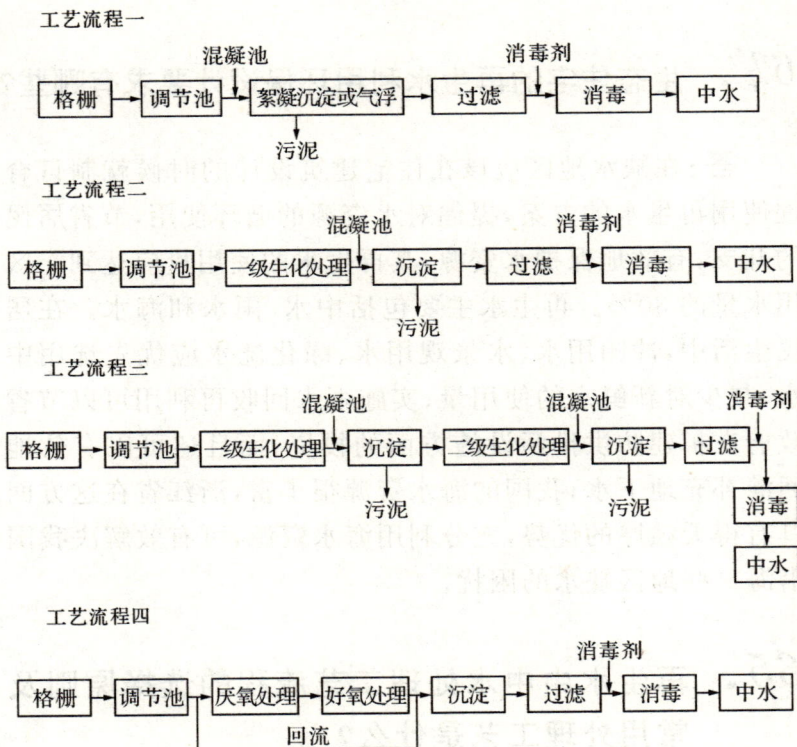

图19 中水工艺流程图

工艺流程一仅适用于优质杂排水,工艺流程二适用于优质杂排水和杂排水,工艺流程三、四适用于生活污水。以上四种流程为基本流程,适用范围较广,国内应用较多。

上述流程中格栅和调节池均为预处理,沉淀、气浮、膜处理、生化处理等则为主要处理工艺,而过滤、消毒为后处理。其中预处理和后处理在中水处理各种流程中基本相同,一般均需要设置;而主要处理工艺则需根据不同要求进

行选择,其主要处理工艺性能比较见表 9 所示。

表 9　处理工艺性能比较

项目 ＼ 工艺	生化处理(如接触氧化或曝气)	物化处理(如絮凝、沉淀、气浮)	膜处理(如超滤或反渗透)
原水要求	适用于 A、B、C 型水质	适用 A 型水质	适用于 A、B、C 型水质
水量负荷变化适应能力	小	较大	大
间断运行适应能力	较差	稍好	好
水质变化适应能力	较适应	较适应	适应
产生污泥量	较多	多	不需经过处理,随冲洗水洗掉
产生臭气量	多	较少	少
设备占地面积	大	较大	小
基建投资	较少	较少	大
运行管理	较复杂	较容易	容易
动力消耗	小	较小	超滤:较少反渗透:大
装置密闭性	差	稍差	好
处理后水质 BOD₅	好	一般	好
处理后水质 SS	一般	好	好
中水应用	冲厕	冲厕	冲厕、空调冷却
应用普遍性	多	一般	少
水回收率	90%以上	90%以上	70%左右

注:A 为优质杂排水,B 为杂排水,C 为生活污水。

66. 再生水中雨水的利用有什么优势?

答:首先,雨水作为一种自然资源,具有污染轻、总硬度小、水中有机物少等特点,经过简单处理后可用于生活杂用水、工业用水,这比回收利用生活废水更便宜,其中屋面雨水收集及处理较为方便,其收集如图 20 所示;其次,在住宅周围或半地下部分蓄积的雨水,夏季在蒸发过程中会吸热、冬季可接受太阳辐射而蓄热,可改善局部的小气候,美化环境。

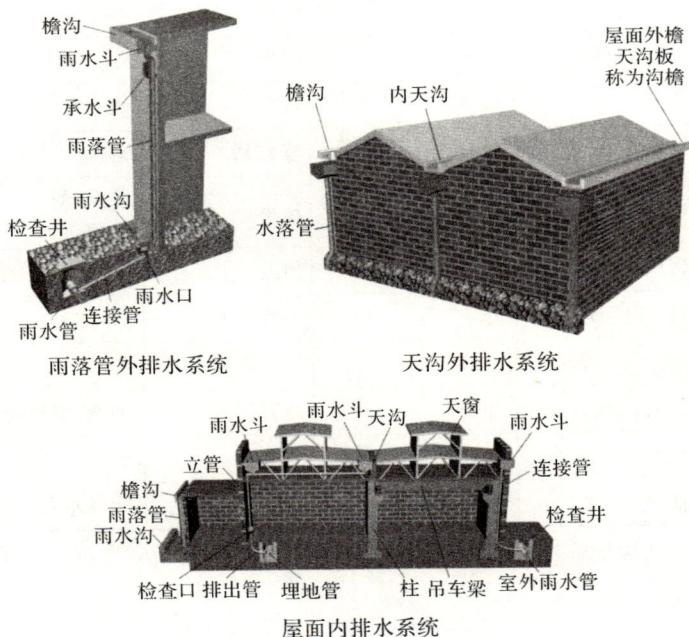

雨落管外排水系统

天沟外排水系统

屋面内排水系统

图 20 屋面雨水收集示意图

　　生态住宅屋面雨水积蓄利用系统的屋面主要以瓦质屋面和水泥混凝土屋面为主,以金属、黏土和混凝土材料为最佳屋顶材料,鉴于水质安全,不允许采用含铅材料。屋面雨水可生化性较差,不宜采用生化方法处理,宜采用物化方法。屋面雨水积蓄利用系统由集雨区、输水系统、截污净化系统、储存系统以及配水系统等几部分组成,根据情况有时还设有渗透系统,并与贮水池溢流管相连,当集雨量较多或降雨频繁时,部分雨水可进行渗透,其常用的雨水处理流程如图 21 所示。

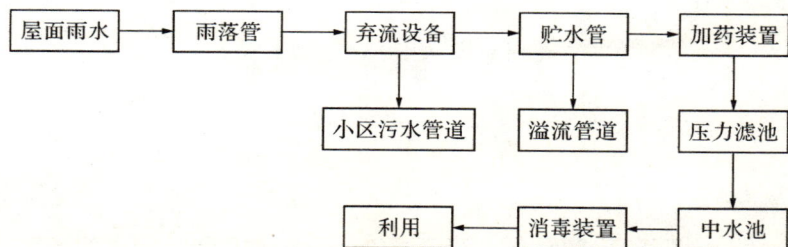

```
┌────────┐   ┌────────┐   ┌────────┐   ┌────────┐   ┌────────┐
│ 屋面雨水 │→ │ 雨落管  │→ │ 弃流设备 │→ │ 贮水管  │→ │ 加药装置 │
└────────┘   └────────┘   └────┬───┘   └────┬───┘   └────┬───┘
                                │             │             │
                          ┌─────▼────┐  ┌─────▼────┐  ┌─────▼────┐
                          │小区污水管道│  │ 溢流管道 │  │ 压力滤池 │
                          └──────────┘  └──────────┘  └────┬─────┘
                                                            │
              ┌────────┐   ┌────────┐   ┌────────┐   ┌─────▼────┐
              │  利用   │← │ 消毒装置 │← │ 中水池  │← │         │
              └────────┘   └────────┘   └────────┘
```

图 21　雨水处理流程

　　雨水除了上述利用途径外,还有屋顶花园雨水利用系统、地面雨水截污渗透系统、小区水景雨水利用系统。屋顶花园雨水利用系统是削减暴雨径流量、控制非点源污染和美化环境的重要途径之一,还可作为雨水积累利用的预处理措施。地面雨水截污渗透系统,通过绿地对雨水的渗透保持地下水位一定,防止塌陷,为了提高渗透率,可将绿地建造成下凹式绿地,并选择较耐淹的草种(见图 22);此外,还可大量使用可渗透的铺装材料,将不透水地面改换成透水地面,如采用透水性路面技术在生态小区内修建混凝土

透水路面或透水性沥青路面,沿着小区排水道修建渗透浅沟等。为满足人们回归水自然环境的要求,小桥流水、喷泉瀑布等都是小区水景的基本构成成分,可将雨水排入小区内的景观河、景观湖或洼地等,以补充水源,防止水质恶化。

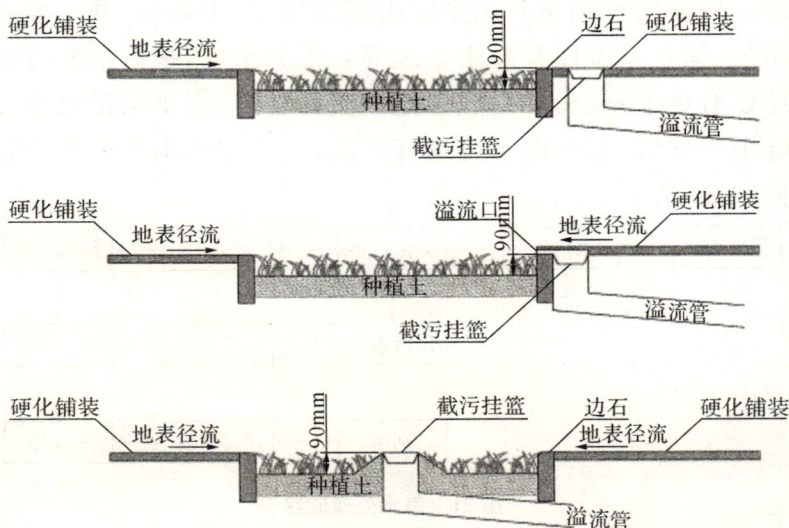

图 22　低绿地示意图

注:设置截污挂篮的目的是防止地面雨水中污染物的污染。

67. 其他节水措施有哪些?

答:一是在景观方面下功夫,在选择绿化植物时,尽可能选用本地耐旱抗旱的物种,同时,使用再生水作为灌溉和水景观的用水。

72

二是提倡使用节水生活器具,如节水龙头、节水淋浴、节水便器和节水洗衣机、洗碗机等,使其使用率达到100%,在满足同样用水的条件下降低用水量,而且要满足《节水型生活用水器具》CJ 164—2002 的要求。由表 10 可见,使用节水器具能节约大量的水。

节约用水,人人有责。水的浪费无处不在:一个关不紧的水龙头,一个月可以流掉 1～6 立方米水;一个漏水的马桶,一个月要流掉 3～25 立方米水;一个城市如果有 60 万个水龙头关不紧、20 万个马桶漏水,一年可损失上亿立方米的水。因此,在日常生活中需时刻注意节水。

表 10　节水器具与传统器具用水量比较

冲洗装置	流量(升/秒)	使用时间(秒/次)	一次用水量(升/次)
传统抽水马桶	—	—	6
低流量抽水马桶	—	—	4
传统沐浴头	0.15	300	45
低流量沐浴头	0.126	300	37.8
传统盥洗水嘴	0.15	15	2.25
低流量盥洗水嘴	0.045	15	0.675
传统小便池	0.1	12	1.2
无水小便池	0	0	0
厨房水槽	0.15	15	2.25
低流量厨房水槽	0.045	15	0.675
传统水龙头	0.15	15	2.25
低流量感应水龙头	0.045	15	0.675

中国节水标志

请节约用水

节约从每一个人做起

图 23　节水宣传图

68. 建筑材料对环境的影响如何？

答：长期以来，建筑材料主要是依据建筑物及其具体部位对材料提出的力学性能与功能方面的要求进行开发的。建筑材料不仅有钢铁、混凝土、木材等构成的结构框架和主体的结构材料，而且包括具有美观、防水、主体保护功能的高分子涂料及瓷砖等装饰材料，还包括外装修及隔墙间壁等形成居住空间的金属板、纤维水泥板等非结构材料，也就是说大量使用的建筑材料中有金属、有机、无机和复合材料等多种材料。建筑材料是应用最广、用量最多的材料，我国建筑行业建材用量每年高达 50 亿吨，主要建筑材料产品如平板玻璃、水泥、钢材等的产量已连续多年居世界第一位，其中水泥、建筑陶瓷、平板玻璃等产品产量占世界产量 1/3 以上。因此，它的耗能与所造成的环境污染也是最严重的。概括起来，在建筑材料生产和使用过程中，污染一般来自六个方面：空气、水、固体废弃物、放射性、噪声和热。

（1）废气、粉尘对大气的污染

建筑材料生产过程中大多伴有烧制过程。在烧制过程中燃料燃烧产生的粉尘、飞灰、烟雾等气溶胶，直接对人体眼睛、呼吸道等器官造成损害，对环境造成破坏。水泥粉尘也是建筑业的一大污染源，水泥粉尘占水泥产量的30%左右，我国年排放量为1500～1800吨。而发达国家的排放量控制在0.01%以下。水泥粉尘回收后可直接作为水泥的原材料或是作为胶凝材料。

（2）废液造成的水体污染

在建材的选矿、冶炼、轧钢过程中会产生很多污水，其中含有大量的无机悬浮材料，如炉渣、砂、铁屑等。在涂料、冶金等行业会产生有毒污染物镉、汞、铅、砷等废液，在金属加工、制造业中可产生酸、碱污染物，在建筑工地上由于搅拌水泥而产生的污水中含有偏碱性的溶液。

（3）固体废弃物

工业窑炉、采矿和冶炼过程中会产生大量的炉渣、冶金渣、尾矿与碎石；在修建过程中也会产生大量的砂、碎石；金属、塑料、木材等行业加工会产生大量的金属屑、木屑、碎塑料、碎玻璃等；此外，拆卸老旧建筑物时也会有大量的碎砖、碎瓦等产生。这些固体废弃物不但利用率较低，而且还大量堆放，占据了大量的土地，给生态环境带来巨大危害。

（4）原材料的开采占用大量土地

建筑材料制品所需的主要原料如金属原料或非金属矿原料，其开采及选矿过程都会占用大量土地，据统计表明，每生产1亿块砖，就要用1.3×10^4平方米土地。另外，在

开山取石，或是挖土制砖等过程中，可能都会影响到动植物的生存，造成自然景观等的破坏。

（5）噪声污染

建筑施工机械会发出强烈的噪声，成为城市噪声的主要来源之一。许多施工现场的噪声都在 90～100 分贝，远高于国家规定的白天要小于 70 分贝、夜间小于 55 分贝的噪声控制标准。噪声不但对人的听觉、神经系统、心血管、肠胃功能等都会造成破坏作用，而且还会造成工作效率低下。

（6）其他污染

家庭装修中所使用的各种装饰材料，如涂料会释放甲醛、苯系物、酮等有机污染物，直接刺激人的皮肤、眼睛或引发气管炎等；所使用的尾矿、天然石板材（如花岗岩石、大理岩石）瓷砖及沥青中，有时会含有过量的放射性元素如氡等，有可能会引起吸收人群得肺癌概率上升等。此外，生产各种瓷砖的工业窑炉排气过程中产生热水、高温气，致使周围空气质量变差；现保温材料大量使用的石棉，在开采和使用过程中被人体吸入后，可导致肺病。

故需要在建筑业包括生态住宅节材，并充分利用材料资源，从而大大降低建材的用量，以及对资源的消耗和对环境的污染。

69. 生态住宅节材与材料资源利用的环保设计要求体现在哪些方面?

答:我国建筑业的节材与材料资源利用的环保设计要求主要体现在建筑材料和建筑工业化两个方面。在建材的原材料选择、制备、加工及运输等方面均贯彻绿色建材的思想和理念,将其对环境和人体健康的负面影响降到最低。

70. 生态住宅建筑材料利用的环保设计要求具体体现在哪些方面?

答:

(1)选用天然、无污染、性能好的建材替代现有的一些不太环保的建材

①天然隔音板:以软木和椰子所做的天然隔音板,放置于地板材的底部,作为噪音的隔离,阻止声音的传送。

②灰浆:以矿物、棉花和亚麻子油所制成的石膏灰浆取代壁纸,渐渐地使用于室内墙壁的装修,其可渗透性的表面比一般壁纸要健康自然,不仅可提供丰富的色彩,而且触感极佳;它是由各种不同粗糙程度的石英砂或云母所组成,而其所使用的糨糊对人体是完全无害的,此外,其耐久性极佳,且可被回收再利用。

③亚麻纤维:亚麻绳在过去通常被用作是缺口的填塞物,例如窗户和墙面之间的缝隙;如今它被认为是聚氨酯泡

沫化合物最合适的替代物。

④竹片、芦苇、稻草：如用芦苇编竹泥墙，在芦苇外涂上灰浆当做木头格栅地板来使用，在过去已有很长一段时间应用。现在常被用来作隔间墙使用，其环保性较好。因为芦苇是一种天然的抗湿材与防火材，还具有高硅状、有酸味的特性，故不需要以化学药剂另外处理。

⑤壁纸：以艾蒙胶水或小麦糨糊来取代传统的壁纸浆糊。

⑥环保的铺地材：可用环保的棕、麻、草、藤地毯及硬木地板、地砖等来替代化学地毯。

⑦黏土：将有许多孔隙的黏土摊开，其通常使用于老旧建筑物崎岖不平的地面上，同时亦可作为另一层隔离材，其充满宽松的材质，同样具有承受载重的能力，此外，也被使用于新式的木造屋，增加木板的聚集力。

⑧生态涂料：健康自然的涂料强调采用无害无毒的颜料，如：柿子、亚麻仁油、树脂等植物成分、植物色素，蜂蜜、蜜蜡、精油等，涂装后可满足木材强化、保湿的需要，防止静电产生，防水、抗菌佳，耐候性强，施工简单，用于室内外、家具均可。

⑨生态界面剂、环保界面剂：具有调湿功能，能防止室内结露，亲水性佳、耐污染、防静电，抑制病原菌，能分解恶臭，促进空气循环及节省能源，可用于内外壁、天井、屋顶等，且能防止表面被酸雨等侵蚀和污染。

⑩生态防虫、防腐剂：月桃叶具有防虫、防菌的效果，常用于纸张、建材用纸等的防虫、防菌等。

（2）采用高强度承重及高性能建筑材料

这样可延长住宅的使用期限，进而减少建筑材料的使用量。在这方面我国还有巨大的潜力可挖，因为我国目前住宅的使用寿命约为 30 年，远低于 70 年的标准。造成这种"住宅短寿"现象的原因众多，其中建材就是一方面。使用性能好、寿命长的建筑材料就是一个很好的选择。

①采用高强度建筑钢筋。在相同承载力的情况下，钢筋强度越高，则其在钢筋混凝土中的配筋率越小。相比于 HRB 335 钢筋，HRB 400 钢筋具有强度高、焊接性能优良和韧性好等特点，在建筑结构上应用的技术经济性能优势较明显。经测算，用 HRB 400 钢筋代替 HRB 335 钢筋，可节省 10％～14％的钢材，用 HRB 400 钢筋代替 HPB 235 钢筋，则可节省 40％以上的钢材；同时，HRB 400 钢筋还可改善钢筋混凝土结构的抗震性能。由此可见，HRB 400 等高强钢筋的推广应用，可明显节约钢材资源。目前，我国因生产成本、供应量等方面的原因，还大量使用 HRB 335 钢筋，高强钢筋用量在建筑行业钢筋总体用量中所占比例不到 10％；而发达国家如美国、英国、日本以及东南亚国家则采用 400 兆帕、500 兆帕甚至 700 兆帕作为主筋，很少采用 HRB 335，有的甚至淘汰了。由此可见，我国需在这方面加快进度。

钢筋的牌号：钢筋的牌号常见的有 HPB、HRB 和 CRB，其中 HPB 表示普通碳素钢热轧光圆钢筋，HRB 表示普通低合金钢热轧带肋钢筋，CRB 表示冷轧带肋钢筋。牌号后面的数字表示钢筋屈服点最小值，例如 HRB 400 表示

钢筋屈服点最小值为 400 兆帕。

配筋率:钢筋混凝土构件中钢筋的横截面面积之比。配筋率越大,说明钢筋在钢筋混凝土构件中的单位用量越高。

②采用强度更高的水泥及混凝土。我国的大部分住宅建设主要是采用钢筋混凝土建造的。混凝土主要是用来承受荷载的,它的强度越高,同样截面积承受的重量就越大;反之,承受相同的重量,强度越高的混凝土,它的横截面积就可以做得越小,也即混凝土梁、柱子等就做得细一些。这也表明,采用强度越高的混凝土可节省很多混凝土材料。发达国家如美国其混凝土以 C40、C50 为主(C70、C80 及以上的混凝土应用也很常见);42.5 级、52.5 级及其以上的水泥可占到水泥总量的 90% 以上。而我国目前混凝土 24% 是 C25 以下,65% 为 C30~C40,即有将近 90% 的混凝土属于 C40 及其以下的中低强度等级;有 65% 的水泥是 32.5 级。经经济分析计算可知,配制 1 立方米的 C30~C40 混凝土,采用 42.5 级水泥比采用 32.5 级少用约 80 千克。由此可知,现采用低强度的混凝土和水泥会造成大量的资源浪费。为提高高等级水泥在建筑行业的应用,在我国高等级水泥能满足需求的条件下,建筑结构设计标准和使用部门应优先考虑高等级水泥,改善水泥产品的需求结构。

混凝土强度的表示方法:混凝土强度一般采用强度等级表示。混凝土强度等级采用大写英文字母"C"来表示,比如强度等级为 C40 的混凝土,表示混凝土立方体抗压强度为 40 兆帕。混凝土立方体抗压强度一般采用边长为

100 毫米或 150 毫米的立方体混凝土试件来测量。

（3）采用可循环材料和可再利用材料等再生性建筑材料

可回收和利用一些废金属材料、铝合金材料、石膏、砖石、木材等，从而减少使用新的原材料在生产、运输过程中所带来的能源消耗及环境污染。现已有一些再生建材，如：采用以废弃混凝土作为"再生骨料"而制成的绿色混凝土，采用以废旧塑料编织袋、塑料薄膜、泡沫塑料等废塑料为原料而制备的塑料防渗补漏剂。

①再生混凝土、再生骨料：建筑物拆除产生的混凝土块可将其打碎作为道路级配或是添入部分新骨料作为新拌混凝土之骨料。再生骨料的强度尚不确定，基于安全考虑，一般不使用于主要结构体部位，而仅施做于整地打底、地基处理或是次要的土木杂项工程。

②生态水泥：以城市废弃物和工业废弃物为主要原料，经过处理、配料，并通过严格的生产管理而制成，其制造工艺与普通水泥的制造工艺过程基本相同。

③再生砖：由回收砖瓦、废料所烧制之砖，可用于各类墙、地板等，与一般砖瓦无异。

④再生玻璃：将玻璃瓶与平板玻璃回收后压碎处理成碎玻璃，可重新当做玻璃原料，可添加之掺配比可达 40%。国外将碎玻璃处理成圆角的玻璃砂当做人行道铺面的材料，看起来星光闪闪，十分美丽。

⑤废轮胎：将废轮胎制成橡胶粉加入沥青铺设道路，不但道路防滑度好，且较传统沥青道路耐久度高，亦可降低车

行噪音。同时废轮胎也可作为挡土护坡。

（4）使用一些多功能的绿色建材

①生态空心砖。这是由巴西开发的一种砖。砖内填有草籽、树胶、含有有机肥料的土壤。把这种砖砌筑在建筑物的外层，草籽就会发芽生长，形成绿色的"生态砖"，使整个建筑物变成绿色，不但楼房美观，而且冬暖夏凉，减少噪音，空气保持新鲜，有益于人体健康。生态砖建筑物已成为巴西独特的景观。

②抗菌自洁玻璃。日本一家公司已生产出一种不用擦洗的抗菌自洁玻璃。它是采用目前成熟的镀膜玻璃技术（磁控溅射、溶胶—凝胶法等）在玻璃表面覆盖一层二氧化钛薄膜。这层二氧化钛薄膜在阳光下，特别是紫外线的照射下，能自行分解出自由移动的电子，同时留下带正电的空穴。空穴能将空气中的氧激活变成活性氧，这种活性氧能把大多数病菌和病毒杀死；同时它能把许多有害的物质以及油污等有机污物分解成氢和二氧化碳，从而实现了消毒和玻璃表面的自清洁。在居室中使用，还可有效地消除室内的臭味、烟味和人体的异味。

③除臭涂料。瑞典一家公司研制成功一种能有效除臭的新型涂料。把这种涂料抹在墙壁、天花板或物品上，会形成具有细小微孔的海绵薄层。一家制革工厂的墙壁和设备采用这种新型涂料后，车间里空气中的硫化氢含量减少到一般情况的 24%。

④可调节室内湿度的壁砖。日本铃木产业公司开发出具有调节湿度性能的建筑用壁砖。这种新产品采用在北海

道开采的硅藻岩制作而成。由于它是多孔构造,具有吸收并释放出空气中水分的功能。在气温 20℃、湿度 80% 的环境下,贴有这种壁砖的房间里的湿度可保持在 60%,它的吸收并释放出湿气的能力为木材(例如杉木)的 15 倍。因此,房子里贴这种壁砖,在潮湿季节可防止壁面出现水珠或生霉。

⑤保健型瓷砖。日本东陶公司研制出一种新型瓷砖,该瓷砖采用光催化剂技术,在瓷砖表面制作了一层具有抗菌作用的膜,这种膜可有效地抑制杂菌的繁殖,防止霉变的发生。这种保健型瓷砖,特别适用于医院、食品厂、食品店以及浴室、厨房、卫生间等处的装饰。

⑥防摔伤塑料地板。美国宾夕法尼亚州立大学研制成功一种可防止人体摔伤的新型塑料地板。它是用双层有弹性的聚氨酯泡沫塑料为基材,中间用有一定硬度的同样材质的塑料横条支撑。其表面在人体跌倒时会发生与人体接触部位形状相同的变形,而不致摔伤。这种塑料地板适合家庭居室地面铺设,对于年老、体弱、有病的人来讲更安全。

71. 生态住宅建筑工业化的环保设计要求具体体现在哪些方面?

答:建筑的工业化是吸附制造业工业化生产的优势,也即"将制造业的生产方式引入建筑业中来,优点就在于节约了材料、减轻了污染"。目前比较成功的有普遍使用的预拌混凝土、预拌砂浆和建筑预制板等预制建筑构件;此外,

还有整体厨房和卫生间的预制。

（1）预拌混凝土是指由水泥、砂石、水以及根据需要掺入的外加剂和掺和料等组分按一定比例,在集中搅拌站经计量、拌制后,经专用运输车在规定时间内经商品的形式运送至使用地点的混凝土拌和物。目前,我国预拌混凝土仅占混凝土总用量的20%左右,远低于一些发达国家（如美国为84%,瑞典为83%）。相较于预拌混凝土,现场搅拌混凝土要多损耗水泥10%～15%,多消耗砂石5%～7%;不仅如此,现场定做的混凝土性能也要差一些。

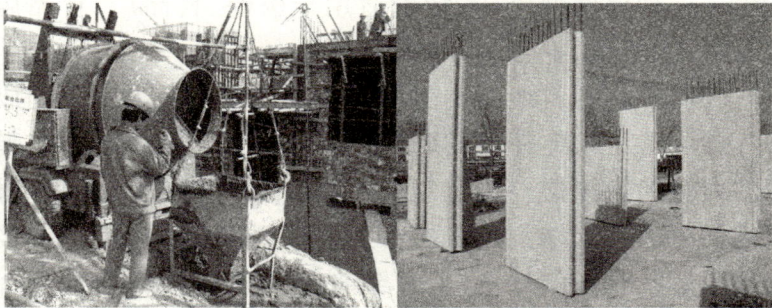

图24　现场搅拌混凝土与预拌混凝土

（2）预拌砂浆根据是否加水又分为混拌砂浆和干混砂浆。相较于现场搅拌砂浆,预拌砂浆可明显减少砂浆用量:对于多层砌筑结构,每平方米建筑面积使用商品砂浆的量仅为0.13立方米,低于0.20立方米现场拌制砂浆,可节约35%的砂浆量;对于高层建筑,每平方米使用商品砂浆的量仅为0.038立方米,低于0.09立方米现场拌制砂浆,可节约抹灰砂浆用量58%。目前,世界上几乎一半的水泥消耗

在我国,但我国预拌砂浆年用量非常少,不足建筑业用量的5%;不仅如此,预拌砂浆的性能会比现场拌制砂浆更稳定、质量更好。

图 25　预拌砂浆的装置

(3)采用专业化加工配送的商品钢筋。专业化加工配送商品钢筋是指在工厂中把盘条或直条钢线材,用专业机械设备制成钢筋网、钢筋笼等钢筋成品,直接销售到建筑工地,从而实现建筑钢筋加工的工厂化、标准化及建筑钢筋加工配送的商品化和专业化。采用专业化加工配送,钢筋可进行综合套裁,其废料率一般为 2% 左右,低于现场加工的 10% 钢筋废料率。目前,加工的商品钢筋发展缓慢,远落后于现行混凝土结构建筑工程施工的混凝土和模板两个部分。而发达国家 90% 以上的钢筋实行了专业化钢筋加工配送,为此,我国需加强此方面的进程和步伐。

使用预制材料不仅可大大提高施工和制造的效率,还可有效减少施工过程中的粉尘和噪声污染,减少材料浪费。

此外,在水泥方面可采用散装水泥。散装水泥是指水泥从工厂生产出来之后,不用任何包装,直接通过专用设备

或容器从工厂运输到中转站或用户手中。我国一直是水泥生产大国,却是散装水泥使用小国,水泥散装率远低于世界工业化发达国家。袋装水泥一方面需要消耗大量的包装材料,而且由于包装破损和袋内残留等会造成较高的损耗率,进而造成资源的巨大浪费。

图 26　散装水泥罐箱

72. 生态住宅室内环境设计的环保设计要求具体体现在哪些方面?

答:室内环境设计的环保设计要求主要体现在室内空气环境、室内热环境、室内声环境和室内光环境四个方面。这四个方面是最能体现生态住宅舒适健康特点的关键所在。良好的室内环境应该能为居住者提供健康无污染的空气,舒适的温度、安静的空间和充足的阳光,营造舒适健康的居住环境。

73. 生态住宅室内空气环境的环保设计要求具体体现在哪些方面?

答: 室内空气污染必须满足相应的《室内环境质量评价标准》GB/T 18883—2001(见表11)。

室内空气污染物的来源是多方面的,主要来源于室内与室外两个方面。室外来源主要是室外被污染了的空气,对室内空气质量影响随时间、地点、季节等的变化有较大的变动。室内来源主要来自于人自身活动、家具和装修材料等,首先最主要的污染来自家具和装修带来的有毒化学气体污染;其次来自于老式空调系统和卫生间或受潮墙体上产生的微生物污染。

图 27　室内污染物的来源

表 11 室内环境质量评价标准

参数类别	参 数	单 位	标准值	
物理性指标	温度	℃	22～28	夏季空调
			16～24	冬季采暖
	相对湿度	%	40～80	夏季空调
			30～60	冬季采暖
	空气流速	米/秒	<0.3	夏季空调
			<0.2	冬季采暖
	新风量	立方米/（小时·人）	≥30	
	二氧化硫 SO_2	毫克/立方米	≤0.50	1 小时均值
	二氧化氮 NO_2	毫克/立方米	≤0.24	1 小时均值
	一氧化碳 CO	毫克/立方米	≤10	1 小时均值
	二氧化碳 CO_2	%	≤0.10	日平均值
	氨 NH_3	毫克/立方米	≤0.20	1 小时均值
	臭氧 O_3	毫克/立方米	≤0.16	1 小时均值
	甲醛 HCHO	毫克/立方米	≤0.10	1 小时均值
	苯 C_6H_6	毫克/立方米	≤0.11	1 小时均值
	甲苯 C_7H_8	毫克/立方米	≤0.20	1 小时均值
	二甲苯 C_8H_{10}	毫克/立方米	≤0.20	1 小时均值
	苯并[a]芘 B(a)P	克/立方米	≤1.0	日平均值
	可吸入颗粒物 PM_{10}	毫克/立方米	≤0.15	日平均值
	总挥发性有机物 TVOC	毫克/立方米	≤0.60	8 小时均值
生物性指标	菌落总数	菌落形成单位/立方米	≤2500	依据仪器定
放射性指标	氡 ^{222}Rn	贝可/立方米	≤400	年平均值

人们长期生活在聚集有一定污染浓度的室内环境,会产生一系列的不良反应,甚至造成死亡威胁。国内外大量的研究表明,室内空气污染物对人体的神经系统、血液循环系统、呼吸系统和生殖系统等都会产生严重损害。

减少室内污染的措施有以下几个方面:一是选择空气质量好的大环境安居,避开室外空气污染严重的区域,因为室外大环境的空气质量决定了室内小环境的空气质量,且对于短时间的室外污染可通过在污染期间关闭门窗的形式减少污染,并向有关部门要求整改;二是居民在购买建材、家具时要选择有国家绿色环保标志的正规厂家生产的产品,从源头上消除或降低室内有毒气体的产生;三是加强通风换气,以消除室内空气污染物,建议早晨开窗换气应不少于 15 分钟,而且老人、孩子等免疫力比较弱的人群可适量地做些户外活动,但应避免在大型公共场所长时间逗留;四是在室内种植绿色植物,在增加美景的同时净化室内空气污染物,但要注意选择的植物物种,避免选择 52 种具有致癌作用的植物,如石粟、变叶木、细叶变叶木、蜂腰榕、石山巴豆、毛果巴豆、巴豆、麒麟冠、猫眼草、泽漆、甘遂、续随子、高山积雪、铁海棠、千根草、红背桂花、鸡尾木、多裂麻疯树、红雀珊瑚、山乌桕、乌桕、圆叶乌桕、油桐、木油桐、火殃勒、芫花、结香、狼毒、黄芫花、了哥王、土沈香、细轴芫花、苏木、广金钱草、红芽大戟、猪殃殃、黄毛豆腐柴等,尽量多种植一些能比较长时间耐荫蔽且能净化有害废气的阴生观叶植物或半阴生植物,如吊兰、黛粉叶、芦荟、菊花、雏菊、万年青、月季、蔷薇、常青藤、美人蕉、石榴、石竹、七里香、香豌豆、腊

梅、桂松、玉兰、樱花、虎尾兰、龟背竹、一叶兰、景天、仙人掌、仙人球、令箭荷花、兰花等；五是使用一些仪器设备来净化室内空气，如颗粒活性炭、沸石、有害气体吸附器，采用负离子和光离子技术的空气净化机、空气处理臭氧机等。

74. 生态住宅室内热环境的环保设计要求具体体现在哪些方面？

答：室内热环境是指由室内空气温度、空气湿度、室内风速及环境平均辐射温度（室内各壁面温度的当量温度）等因素综合组成的一种室内热环境。一般来说，空气温度、空气湿度和气流速度对人体的冷热感觉产生的影响容易被感知，而辐射热交换却容易被忽视。

热舒适性是居住者对室内热环境满意程度的一项重要指标，但因人而异。多数人群所接受的室内热环境条件须满足《室内热环境条件》GB/T 5701—2008。

目前主要通过采暖和制冷的方法来调节室内热环境，但生态住宅强调的是充分利用自然条件，其调节室内热环境的措施主要有：一是通过合理的建筑布局来调节温度，如夏季利用自然风降低室内温度，排除室内产生的不洁气体、物质、烟尘、湿气与热空气，冬季通过充分利用太阳辐射热来保暖御寒；二是优化围护结构性能，以达到保温、隔热和防潮性能；三是通过绿化来营造良好的室内热环境，在家居周围栽种爬山虎、葡萄、牵牛花、紫藤、蔷薇等攀援植物，让它们顺墙或顺架攀附，形成一个绿色的凉棚，可有效地减少

阳光辐射,大大降低室内温度。此外,还可以通过装饰挑高、装饰颜色的选择等室内设计来降低人的心理温度,进而达到事半功倍的效果。

75. 生态住宅室内声环境的环保设计要求具体体现在哪些方面?

答:生态住宅中卧室、起居室的允许噪声级在关窗状态下白天不大于 45 分贝(A),夜间不大于 35 分贝(A)。

住宅室内的噪声主要来源于道路交通噪声等室外环境,还有一部分来自于其他住户产生的噪声、家用电器设备设施产生的噪声。常见声源 A 声级见表 12。

表 12 常见声源 A 声级

声压级 分贝(A)	常 见 声 源	声压级 分贝(A)	常 见 声 源
140	30 米处高射炮	60	两人相距 1 米谈话
130	喷气机起飞、高射机枪	50	普通房间背景噪音
120	凿岩机、球磨机、柴油发动机	40	1.5 米处轻声耳语
110	织布机、电锯、大鼓风机	30	夜间很安静的郊外房间内
100	工业噪音	20	
90	空压机、泵房、吵闹的街道	10	年轻人的可闻阀
80	大声交谈、收音机、较吵的街道	0	人耳最低可闻阀
70	普通谈话、小空调机		

噪声会影响居民睡眠的数量和质量,研究表明,在 40 ～50 分贝噪声作用下,正常睡眠肯定会受到干扰;噪声对思考也有影响,突然的噪声干扰会让人丧失 4 秒钟的思想集中;噪声会分散人的注意力,易使人疲劳、心情烦躁,工作效率低下。噪声会造成器质性的损害,在强噪声环境下,人耳会感到难受、疼痛、耳鸣等,进而会造成噪声性耳聋,许多国家确定听力保护标准为 85～90 分贝。噪声还会对人体健康产生影响,噪声作用于中枢神经系统,使大脑皮层功能受到抑制,出现头疼、脑涨、记忆力减退等症状;噪声会使人食欲不振、恶心等,引起消化系统紊乱;噪声会使交感神经紧张,引起心脏病、高血压等心血管疾病。

控制生态住宅的噪声措施有以下几方面:一是合理布局住宅小区的建筑,尽量避免采用垂直式的布局,另外,可将噪声不敏感建筑布置在主干道上,从而为后排的建筑和房间起很好的隔声屏作用,还应注意小区间住宅的距离,尽量避免建筑之间的声反射;二是利用绿化带降低噪声,尽量选用叶茂的乔木与灌木组织起来,以达到良好的降噪声效果;三是在住宅建设中,可利用屏障、土丘等来降低交通噪声或其他噪声;四是重视住宅的平面设计,尽量将声环境质量要求较高的房间如卧室、书房布置在背向噪声源的一侧,此外,将厨房、卫生间等与卧室等进行动静分区,分别集中布置;五是选用合理的隔声墙材料,以减少房间之间、住户之间的相互干扰;六是控制外门窗传入的噪声,如可降低门墙比、采用双层玻璃或厚玻璃、缩短窗扇的缝隙长度等;七是自律居民行为,尽量少产生声音巨大的举动;八是在购买

电器时要把电器运行时产生的噪声作为参考项。

76． 生态住宅室内光环境的环保设计要求具体体现在哪些方面？

答：室内光环境也是室内环境质量的重要组成部分，人们只有在良好的光环境下，才能进行正常的工作、学习和生活。良好的光环境不仅可以减少人的视觉疲劳，提高工作效率，对身体健康也很重要，特别是对于身体正处于发育期的儿童、少年来讲，室内采光特别重要。另外，差的室内光环境会使工作效率降低，并可导致事故的发生。

室内的光环境设计应从两方面来进行评价：一是天然采光，每套住宅至少有 1 个房间满足日照标准的要求，当有 4 个及以上居住空间时，至少有 2 个居住空间满足日照标准的要求，各个功能不同的房间的采光系数不低于《建筑采光设计标准》GB/T 50033 的规定，采光系数就是室内某一位置在没有人工照明时的照度值与室外的照度值之比；二是人工照明，在天然采光不能满足要求时，需要人工照明以满足照明使用的要求。总之，其住宅照明要求满足《建筑照明设计标准》GB 50034 中相关要求和标准。

室内光环境营造可通过以下措施来实现。一是在住宅设计时，要充分考虑楼间距、朝向和太阳高度角等因素，通过优化住宅建筑的布局、选择好朝向、留够充足的楼间距、设置好楼内平面的布局来获得良好的日照条件。二是在满足节能的条件下，控制窗地面积比来达到良好的采光要求。

三是在天然采光不能满足照明要求时或晚上,需通过节能灯具来照明,这样不但能保护眼睛,还能有效地节省电能。

此外,在灯具照明方面,还要以人为本。譬如卧室是休息的地方,亮度不宜太高,通过环境灯光营造柔和温馨的氛围,最好设有可调节的光源,相反,厨房要有足够的亮度,而且根据使用的需要,宜设置局部照明;光环境的设计应服从于室内的装饰设计风格,让灯光显出质感、显出造型、显出色彩来;灯具的挑选与光源的色调要与家具、陈设、不同使用功能的房间相匹配;还要避免产生眩光,避免视觉疲劳。

77. 生态住宅的运营管理如何?

答:主要是通过物业管理来体现的。物业管理的常规内容包括给排水、燃气、电力、电信、保安、绿化、保洁、停车、消防与电梯管理以及共用设施设备的日常维护等。生态住宅的运营管理是传统物业管理的一个提升,要求坚持以人为本和可持续发展的理念,从关注住宅全寿命周期的角度出发,实现节地、节能、节水、节材与环境保护的目标,为居民提供健康、适用、高效的生活和工作环境。建筑的全生命周期包括建筑规划、设计、施工、运营管理以及拆除、回用的整个历史。在成本方面,据统计,初投资的建设费约占建筑全生命周期成本的 15%,修缮费占 15%,设备更新费占 23%,能源消耗占 27%,清洁费占 20%,由此可见,运营管理阶段所涉及的成本最多。总之,无论是在时间方面,还是在成本方面,运营管理都是生态住宅至关重要的一环。

（1）节能、节水、节材管理

在住宅使用过程中,常需要能源用于住宅建筑的采暖、空调、电梯、照明等,需要耗水用于饮用、绿化等,需要耗材用于设备设施的维修等。在节能、节水方面,根据相应的节能、节水标准和设计要求,制定出相应的管理制度;实现分户、分类计量与收费;运用多表远传计量系统,以提高计量的准确性、及时性,并为物业管理部门的管理提供参考。在节材方面,建立住宅建筑、设备与系统的维护制度;减少因维修带来的材料消耗;在维修时,选用耐久、可再生、可回用和本地生产的绿色材料。

（2）绿化管理

应将可持续发展理念贯穿于绿化规划设计、施工及养护等整个过程,其中科学规划设计是提高绿化管理水平的前提,同时养护也非常重要。首先制定绿化管理制度并认真执行,使居住环境的所有树木、绿地、花坛及相关绿化景观的各种设施保持完好,让居民生活在一个优美、舒适的环境中;对绿化的用水进行计量,建立并完善节水型灌溉系统;采用无公害病虫防治技术,规范杀虫剂、除草剂、农药等化学药品的使用,以尽量避免对土壤和地下水环境的损害;对行道树、绿篱等进行定期修剪,对草坪及时修剪,及时有效地做好树木病虫害预测、防治工作,使绿化景观得到有效的保护和维持。

（3）垃圾处理

在运营管理阶段,要特别注意生态小区的垃圾处理。物业管理部门一定要对垃圾收集、运输和处理建立科学合

理的规划和制度;对垃圾容器位置、距离、颜色外观等做好详细规划;加强垃圾的分类收集和处理;在新建小区配置有机垃圾生化处理设备,采用生化技术如利用微生物通过高速发酵、干燥和脱臭处理等工序快速处理小区的有机垃圾,并回收部分能源如沼气等,达到垃圾处理的资源化、减量化和无害化。

为了有效提升运营管理水平,建立数字化的管理系统,应用现代化技术如小区服务计算系统、安全防范系统、车辆出入停放管理系统、公共照明设备监控系统等也是十分必要的,这对及时、有效实现反馈、提高管理执行水平非常重要。

在整个运营管理阶段,需要住宅小区每个居民的积极参与和配合,故在宣传、教育方面,物业管理部门要经常性开展形式多样的活动,激发每个居民的主人翁意识、环保意识和生态意识,从而让每个居民从身边着手、从细节着手、从点滴着手,时时刻刻处处参与到生态住宅的全寿命运营管理中。

艺术设计篇

78. 为什么要在生态住宅中体现艺术设计？

答：生态住宅的特征有四：舒适、健康、高效和美观。除了在环保方面有要求外，还应体现艺术成分，增加美感和舒适性，满足居民的精神需求。

79. 生态住宅的艺术设计应体现在哪些方面？

答：一是体现在美学方面，二是体现在绿化景观设计方面，三是体现在人文景观设计方面。

爱美之心人皆有之，在满足住宅功用性的基础上，尽可能利用适用的技术和造型将居民的美学要求体现于每个细节之处，且营造出整体和谐之美，达到追求人性化的生活环

图 28　生态住宅艺术性体现

境的目的。

在绿化景观设计方面,主要体现生机、活力的含义。绿化的主体为植物,植物不但给人以生命的气息,还可以调节局部小气候、净化空气、涵养水土、设计层次等作用,同时还可以满足营造私密空间、柔美景象的需要。

在人文景观设计方面,设计中的人文含量越高,其设计成果就越有特色,越能反映一个民族灿烂的文化传统,体现地方特色,使传统的文化被蕴含在新的设计中而得以继承和流传,使设计独具魅力,让使用者身心愉悦,在环境的潜移默化中陶冶人的高尚情操。设计中的人文内容越多,其设计成果就越能满足使用者的文化需求,产生环境与人的对话,增加环境认知度与和谐度,产生环境对人的集聚效应。设计中的人文渗透越深刻,就越能提高设计的文化品位,满足使用者的审美需求和精神需求,增加使用者的自豪感。其设计成果也同时展现了设计和规划人员贯彻可持续发展战略思想的设计能力和水平,同时反映出他们的社会责任感和素养。

80. 生态住宅的美学理论应体现哪些设计原则?

答:一是体现自然美的设计原则,二是体现优美的设计原则,三是注重审美体验的构成。

自然的美,能让人时时处处感受淳朴的、率真的、夹杂着泥土芳香的田园生活,拉近与大自然的距离,回归自然,享受自然。

住宅建筑作为一种美本体,应带给居住者积极的理念和充满快感的享受,不夹杂丑的成分,即要体现一种和谐、宁静、享受、均衡的优美状态。

一个健康优美,与环境协调、和谐的生态住宅小区会给居民带来一种愉悦的审美体验。在追求个性和解放天性的

现在,审美体验的程度会因人而异,同时也是一个由浅入深的心理过程,也就是会给审美主体带来不同层次的审美感受。

81. 怎样体现生态住宅的自然美?

答:生态住宅在讲究节能环保的同时,追求的是自然生态,遵循舒适美感的原则。生态住宅的自然美可通过以下几种途径来实现:一是要因地制宜地营造生态住宅庭院中的绿化景观、水体景观,显现本地的自然美;二是通过一些技术手法如"借景"营造"远山近水",再现自然风景的层次美;三是在具体施工方面,一定尽可能使用本土材料,一方面可减轻因使用非本土材料而带来的环境负担,另一方面可更真实地体现出自然特色。总之,要给居民带来畅快的愉悦感受,陶冶居民的情操,提升居民精神文化生活水平。

82. 怎样体现生态住宅的优美设计?

答:优美是一种纯粹的美,是人类劳动实践活动中单纯而直接的合规律性与合目的性的统一。从生态住宅的功用方面来讲,必须要满足居住者休息、生活、娱乐的需求,有利于居住者进入平和愉快的心境,消除消极情绪;从社会影响方面来讲,要体现节地、节能、节水、节材等环保要求,必须要体现一定社会文化价值。总的来讲,生态住宅本身要求居住者与自然环境和社会文化环境和谐共处。

83． 怎样体现生态住宅的审美体验？

答：根据审美体验的深入程度不同,可将审美体验分为三个层次：感官愉悦层次、情感参与层次和文化融入层次。

感官愉悦层次是通过感觉器官直接带给我们快感的,是审美主体对客体的外观形式直接感观和整体把握,是审美体验的最初层次。

情感参与层次一部分取决于居民当时的情感状态,另一部分取决于生态住宅所表观出来的情感性质,所以生态住宅的景观一定要表达出温馨平和、积极向上的审美情感,切忌表现出悲伤、愤怒等消极的审美情感。

文化融入层次就是要使生态住宅体现独特的文化内涵,成为悠久历史文化传承的载体。比如在设置景观时可通过形式来表现和象征某个民族或者某地独特的文化含义。生态住宅的设计者必须具备广博的文化知识、熟练和创新的形式把握能力。

84． 生态住宅的绿化景观设计体现在哪些方面？

答：一是要以人为本,二是要建造立体绿化景观,三是做好不同植物物种的季节观赏搭配。

以人为本是绿化景观设计的核心思想,立体绿化景观是绿化景观的外在呈现,植物季节搭配是为了满足人们一

年四季美的欣赏的物质及精神需求。

85. 生态住宅的绿化景观设计中以人为本的原则体现在哪些方面?

答:首先要尊重居民的审美心理感受,要栽植大多数居民喜欢的植物物种,栽植能够引起居民积极快乐的审美情感的植物物种,尽量避免或者尽量少用居民不喜欢或者具有消极情感文化特征的植物物种。

其次,要满足居民健康舒适的居住感受。在景观设计时,必须选择对居民身体无毒无害的植物物种,尽可能选择既美观又具有药用价值的植物物种,如金银花、银杏、香樟树等。

86. 生态住宅中立体绿化景观体现在哪些方面?

答:首先,保持物种的多样性。在绿化植物物种的搭配上,要合理搭配种植乔木、灌木、草本和藤本的植物,以形成富有层次、色彩鲜明的自然植被景致。

其次,强调多面绿化,是指在住宅小区原有的地面绿化的基础上,增加建筑墙面绿化和屋顶绿化,充分利用有限的空间,合理利用自然环境的阳光、空气、水分等免费资源,在生态住宅整体结构上形成多层次、多角度的绿化效果。

87. 生态住宅中不同植物物种的季节观赏搭配体现在哪些方面？

答: 不同的植物有其独特的生长周期规律,其发芽、长叶、开花、结果的时间也不尽相同。为此需将不同花期、叶色、姿态的植物交叉搭配种植,达到"春意早临花争艳,夏季浓荫好乘凉,秋季多变看叶果,冬季苍翠不萧条",保持三季有花、四季常绿的效果,为居民创造一种花繁叶茂、优美舒适的居住环境。

88. 生态住宅中人文景观设计体现在哪些方面？

答: 针对特定环境下的生态住宅,人文景观的设计要充分考虑其传承性、安全性和参与性。

在生态住宅的"造山"、"理水"等方面一定要融入社会文化的含义,提升景观的文化品位,激发审美主体美的情感、美的品德和美的追求。如在造山方面要达到"可行、可望、可游、可居"四条标准,在理水方面要达到"水贵有源"、"妙在曲折"等。根据地方特色,恰当布置雕塑小品、亭、榭、楼、台等,在这些景观的设计与布置方面,融入当地独特的文化特征和民族特征,有效提升景观的文化品位;同时,在景观设计方面,一定要注重安全性、开放性和参与性,达到"人在景中游、景中人如画"的境界。总之,让人在审美享受的过程中,感受当地文化特色,进而也提高文化素养。

环保装修篇

89. 住宅装修的环保要求有标准吗?

答: 住宅装修,通常又称家装,其环保要求有相应的标准:一是建设部颁布的《民用建筑工程室内环境污染控制规定》GB 50352—2001,二是国家质量监督检验检疫总局颁布的《室内装饰装修材料有害物质限量》国家标准。

90. 家装污染及污染物来源是什么?

答: 家装污染通常是指室内装饰装修所用材料散发出来的有害有毒污染物所造成的室内污染。居民通常使用的建筑装饰材料中有很多含有毒性物质,它们慢慢地散发到室内空间,污染室内空气及物体,对人体健康造成隐患,特

别是在室内空气流通不良的情况下会诱发各种疾病的发生，因而被人们称为"隐性杀手"。

根据我国建筑、装饰和家具材料的使用情况，室内装修污染物主要有以下几类：甲醛，苯系物（苯、甲苯、二甲苯），总挥发性有机化合物（TVOC），游离甲苯二异氰酸酯（TDI），可溶性铅、镉、汞、砷等重金属元素。

不同的污染物来自不同的对象：甲醛主要来源于人造材料、胶粘剂和涂料，苯系物主要来源于油漆稀料、防水涂料、乳胶漆等，总挥发性有机化合物主要来源于油漆、乳胶漆等，游离甲苯二异氰酸脂主要来源于聚氨酯涂料，重金属元素污染主要来源于油漆、胶粘剂等。

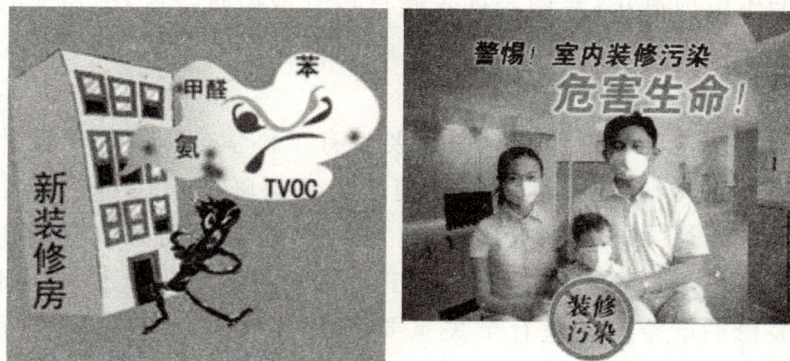

图 29　家装污染

91. 怎样才能做到环保装修？

答：主要从六个方面来实现。

（1）科学设计

住宅装修、装饰，应遵循简洁、实用原则，尽可能删除不必要的吊顶、护墙板，简化门框、窗框，注意室内空气流通，尽量考虑自然照明、自然通风，少用空调、电扇、电灯，实现水的循环使用等。

（2）选好环保装饰装修材料

选择好环保装饰材料是根本。由于室内空气中的有害物质主要从装修材料中释放出来，因此没有材料的环保，也就没有装修后的空气质量环保。几乎所有人造木材都含甲醛等有毒有害物质，不少油漆、涂料含苯类物质，应尽量购买原木建材、环保油漆等，选择一些知名品牌，且其污染物的浓度应满足《室内装饰装修材料有害物质限量》中相关的要求。

（3）规范施工

规范的环保施工至关重要。有了科学合理的环保设计和环保材料，还必须有环保施工。环保施工也尽量选用无毒、少毒、无污染、少污染的施工工艺，有毒建材采取分散施工的方法而不要采用集中施工。施工的不规范和不标准对装修后的空气质量有至关重要的影响，如对木制品内外面不做封漆处理、外沿不做收口处理、施工中不保持通风换气等，都可导致或加重空气污染。因此对工程总监、施工队长进行培训，认真落实《住宅装饰装修工程施工规范》是环保装修的另一个重要保证。

（4）质量监督

邀请室内空气质量检测机构尽早介入，经常检查装潢

施工阶段的空气质量,未雨绸缪,防微杜渐。

(5)绿色检测

装修结束务必请具有检测资质的专业机构全面测试室内空气质量,使其满足《民用建筑工程室内环境污染控制规范》GB 50325—2001 中验收标准。即氡≤200 贝可/立方米,游离甲醛≤0.08 毫克/立方米,苯≤0.09 毫克/立方米,氨≤0.2 毫克/立方米,TVOC≤0.5 毫克/立方米。

(6)补救措施

除了上述五个方面外,还可以采取一些补救措施,如适当延长入住时间,在室内摆放一些吊兰、芦荟、常春藤等能吸收有毒气体的花卉,或使用能消除有害物质的仪器、设备。

92. 家装材料应怎样选择?

答:一是选择一些知名品牌,毕竟这些品牌材料相对正规和安全,其中一些主要材料的品牌见表 13;二是所选装饰材料中污染物要满足《室内装饰装修材料有害物质限量》十项强制性国家标准。

表 13 主要材料品牌表

材料名称	品 牌 名 称
瓷砖	诺贝尔、马可波罗、冠军、蒙娜丽莎、亚细亚、罗马、东鹏等 蜜蜂(意大利)、SALONI(西班牙)、宝路莎(西班牙)、艺宝(美国)等

材料名称	品 牌 名 称
仿古砖	金意陶—KITO、马可波罗—E 时代、帝舵—圣马力亚、新中源—新中瓷等
抛光砖、玻化砖	斯米克、马可波罗、诺贝尔、冠军、亚细亚、东鹏、新中源等
细木工板、胶合板	兔宝宝、环球、福牌、莫干山、福海、千年舟等
木地板	大自然、安信、久盛、方圆、世友、圣象、富得利、富林等
纸面石膏板	可耐福、拉法基、龙牌、杰科等
矿棉板	阿姆斯壮、USG、爱孚、美露达等
轻钢龙骨	可耐福、拉法基、龙牌等
T 型烤漆龙骨、铝合金龙骨	阿姆斯壮、USG、爱孚、美露达等
铝塑板	爱佳、新雅、华尔泰、华源、吉祥（中国台湾）、三菱（日本）、大明（韩国）等
防火装饰板	鑫叶、松耐特（中国台湾）、LG（韩国）、普丽（意大利）、富美家（美国）、威盛亚（美国）等
乳胶漆	立邦、多乐士、华润、嘉宝莉、三棵树、阿克苏诺贝尔（荷兰）、杜邦（美国）、PPG 大师（美国）、宣威（美国）、汉高（德国）等
木器漆	多乐士、立邦、华润、嘉宝莉、三棵树、紫荆花、阿克苏诺贝尔（荷兰）、杜邦（美国）、PPG 大师（美国）、宣威（美国）、汉高（德国）等
墙纸	圣象、玉兰、爱舍、欧雅、格莱美、柔然、雅帝、摩曼（瑞典）、艾仕（德国）、布鲁斯特（美国）、朗饰（德国）、桑巴蒂（意大利）等
建筑玻璃	福耀、耀华、金晶、洛玻、蓝星、南玻、格兰特等
艺术玻璃	琉园、中诚、广发、晶威、广发、陈氏等
地毯	山花、藏羊、东升、弘业、华源、开利、海马等

还需注意的是,即使全部使用检测达标的装饰材料也不一定就等于整个家装合格和达标。因为刚刚达标的装饰材料,如果在某一单位面积内,上述含有家装污染物的装饰材料使用量过多,同样也会造成污染物超标,所以,只有使用更高标准的环保装饰材料,才能避免室内污染物的累加超标。

93. 工程施工有哪些规定?

答:下面将从一般规定、材料进场检验和施工要求三个方面来进行阐述。

(1)一般规定

施工单位应按设计要求及相关规范的有关规定,对所用建筑材料或装修材料进行现场检验;当建筑材料或装修材料进行现场检验,发现不符合设计要求及相关规范的有关规定时,严禁使用;施工单位应按设计要求及《民用建筑工程室内环境污染控制规范》GB 50325—2001 的有关规定进行施工,不得擅自更改设计文件的要求(当需要修改设计时,应经原设计单位同意);民用建筑工程室内装修,当多次使用同一设计时,宜先做样板间,并对其室内环境污染物浓度进行测试;样板间室内环境污染物浓度测试方法,应符合《民用建筑工程室内环境污染控制规范》GB 50325—2001 的有关规定,当测试结果不符合规定时,应查找原因并采取相应措施进行处理。

(2)材料进场检验

住宅装修所采用的无机非金属材料和装修材料必须有

放射性指标检测报告,并应符合设计要求和《民用建筑工程室内环境污染控制规范》GB 50325—2001 及《室内装饰装修材料有害物质限量》国家标准的规定。住宅室内饰面采用的天然花岗石石材作为饰面材料时,当总面积大于 200平方米时,应对不同产品分别进行放射性指标的复验。住宅室内装修中所采用的人造木板及饰面人造木板,必须有游离甲醛含量或游离甲醛释放量检测报告,并应符合设计要求和《民用建筑工程室内环境污染控制规范》GB 50325—2001 及《室内装饰装修材料有害物质限量》国家标准的规定。住宅室内装修中采用的某一种人造木板及饰面人造木板面积大于 500 平方米时,应对不同产品进行游离甲醛含量或游离甲醛释放量的复验。住宅室内装修中所采用的水性涂料、水性胶粘剂、水性处理剂必须有总挥发性有机化合物和游离甲醛含量报告。必须有游离甲苯二异氰酸酯(聚氨酯类)含量检测报告,并应符合设计要求和《民用建筑工程室内环境污染控制规范》GB 50325—2001 及《室内装饰装修材料有害物质限量》国家标准的规定。住宅装修材料的检验项目不全或对检测结果有疑问时,必须将材料送有资格的检测机构进行检验,检验合格后方可使用。

(3) 施工要求

采取防氡措施的住宅,其地下工程的变形缝、施工缝、穿墙管(盒)、埋设件、预留孔洞等特殊部位的施工工艺,应符合现行国家标准《地下工程防水技术规范》的有关规定。住宅建筑工程当采用异地土作为回填土时,该回填土应进行镭—226、钍—232、钾—40 的比活度测定,且只有当内照

射指数 $I_{Ra} \leqslant 1.0$（I_{Ra}是指建筑材料中天然放射性核素镭—226 的放射性比活度）和外照射指数 $I_\gamma \leqslant 1.3$（I_γ 是指建筑材料中天然放射性核素镭—226、钍—223 和钾—40 的放射性比活度,分别除以其各自单独存在时相关标准规定的限量而得的商之和）时,方可使用。住宅室内装修所采用的稀释剂和溶剂,严禁使用苯、工业苯、石油苯、重质苯及混苯。住宅室内装修施工时,不应使用苯、甲苯、二甲苯、汽油进行除油和清除旧油漆作业。涂料、胶粘剂、水性处理剂、稀释剂和溶剂等使用后,应及时封闭存放,废料应及时清出室内。严禁在住宅室内用有机溶剂清洗施工用具。住宅室内装修中,进行饰面人造木板拼接施工时,应对其断面及无饰面部位进行密封处理。

$94.$ 装修造成室内空气污染,有害物质超标后怎样处理?

答:

（1）找出污染物超标原因:装修施工,建材,还是家具?

要想解决室内空气污染问题,首先要找出产生有害物质的来源,以便治理和索赔,这对分清责任很重要。根据《民用建筑工程室内环境污染控制规范》的检测要求,应在没搬进家具之前,装修竣工后进行检测,否则,难以出具有法律效力的检测报告。如果家具搬进室内,应先将家具撤出,彻底通风后,再密闭 3 小时以上,再次检测确定有害物质甲醛、苯等是否超标。至于家具,应由检测单位根据建材

产品的国家标准做其他的检测报告。

（2）检测费用的承担

通常情况下，甲醛和苯超标既可能是装修中大芯板、胶合板、油漆等建材产品产生的，也可能是家具的油漆和板材中释放出来的。两者的污染物加起来造成超标也有可能。

其实责任难区分，索赔不容易。根据《民用建筑工程室内环境污染控制规范》中的规定，工程竣工验收前，建设单位必须按照其要求，委托经考核认可的检测机构对室内的甲醛、氡、苯、氨、总挥发性有机化合物的浓度进行检测，不合格不能验收、更不能投入使用。

事先签一份严密保障权益的合同显得很重要。在合同中，应规定由装修公司负责控制各类建材产品的质量及预评估空气污染程度，以保证装修户的环保。在装修竣工验收时，一旦发现装修引起的室内空气不合格，应立即请装修公司予以返工和赔偿。但有些时候在污染超标方面，很难区分装修公司和建材商的责任。虽然国家要求装修公司工程竣工后必须保证室内空气达到环保标准，但还没明确规定执法部门和具体赔偿办法。

（3）治理方法

在污染超标时，采用的补救措施之一就是把那些不合格瓷砖和马桶砸掉，把柜子换掉。由于放射性物质很顽固，只有把它们清出室内才安全。甲醛也是一种缓慢释放的物质，持续时间可长达15年；当污染超标10倍时，需将柜子换掉，不能放在室内。补救措施之二是通过物理和一些化学手段，如用活性炭吸附法、空气清新器、负离子发生器、化

学喷剂等来改善室内空气质量。补救措施之三是在室内放置一些能净化室内空气的植物如吊兰、常春藤、龙舌兰、芦荟等（见图30）。当然，最有效的办法是常通风换气，即使是装修后达标的家庭也应经常通风。

吊兰:24 小时内，一盆吊兰在 8～10 平方米的房间内可杀死 80% 的有害物质，吸收 86% 的甲醛。

常春藤:能很大程度上净化室内空气。

龙舌兰:在 10 平方米左右的房间内，可消灭 70% 的苯、50% 的甲醛和 24% 的三氯乙烯。

芦荟:在 24 小时照明的条件下，可以消灭 1 立方米空气中所含的大部分的甲醛。

图30　具有净化室内空气的一些植物

存在问题篇

95. 我国生态住宅存在的问题主要表现在哪些方面？

答：主要表现在设计理念有待进一步加强、施工建设过程浪费严重及监管不牢、住宅平均寿命短、生态标准体系有待进一步健全及推广、公众参与的力度不够等。

96. 生态住宅的设计理念存在的问题表现在哪些方面？

答：一是缺乏对生态住宅内涵的认识，片面地追求表面的"高绿化率"；同时，因为生态住宅其初始投入比一般住宅要高一些，所以房地产建筑商在决策时，往往不会采用

建筑寿命周期的成本分析方法去考虑后期的运行费用及能源节约情况,致使现有的生态住宅节能意识不强;此外,现有的一些生态住宅在文化方面缺乏准确定位,存在盲目照搬和模仿之风。

97. 生态住宅施工建设过程浪费严重及监管缺乏主要表现在哪些方面?

答:我国当前的住宅建设很粗放而且效率低下,施工过程浪费大、资源消耗多;同时,在施工过程中缺乏有效的监管体系,许多房地产开发商为了经济利益改变了原来的节能环保设计,致使原来设计的生态住宅在最后竣工时都变了味;此外,施工过程中使用的建筑材料还比较落后,存在污染大、性能低和可再生建筑材料使用率低的特点。

98. 生态住宅的平均寿命短表现在哪些方面?

答:我国住宅建筑的寿命平均只有 30 年左右,远低于一般的建筑寿命 70 年,造成巨大的资源浪费和环境污染,不符合可持续发展的政策。

99. 生态住宅的生态标准体系不足表现在哪些方面?

答:我国的生态住宅领域虽然在近年来发展迅速,但

较西方发达国家来说是比较晚的,所以从法律的制定、标准体系的发布到国家政策的扶持等各方面都需要进一步地完善;此外,还需对广大的建筑从业人员进行"生态住宅"设计理念、目标和方法、具体施工行为细则进行相关的培训,从而使他们担当起推广的责任。

100. 生态住宅的公众参与力度不够表现在哪些方面?

答:目前,住宅购买的模式决定了生态住宅从设计到施工这个阶段是缺乏公众参与的。生态住宅往往只是建筑设计师们在综合考虑地理、气候、文化等因素后,根据相关的标准而设计出来的。生态住宅今后主人的理念、想法、爱好等没有纳入生态住宅的设计及施工过程;此外,由于潜在主人与住宅设计师缺乏有效的沟通,也会导致设计师一些生态理念在运营阶段得不到充分的体现和执行,不能有效地发挥生态住宅的优势。今后需在这一方面加强沟通,充分调动各方面的积极性,让生态住宅发挥出最大的效能。当然,还需得到有关政策的扶持。

标准规范篇

室内装饰装修材料有害物质限量
十项强制性国家标准

一、内装饰装修材料溶剂型木器涂料中有害物质限量

本标准适用于室内装饰装修用溶剂型木器涂料，其他树脂类型和其他用途的室内装饰装修用溶剂型涂料可参照使用。本标准不适于水性木器涂料。

项　　目	硝基漆类	聚氨酯漆类	醇酸漆类
挥发性有机化合物（VOC）a（g/L）　　　　　≤	750	光泽（60 度）≥80,600 光泽（60 度）<80,700	550
苯 b(%)　　　　≤	0.5		

项　目		硝基漆类	聚氨酯漆类	醇酸漆类
甲苯和二甲苯总和 b(％) ≤		45	40	10
游离甲苯二异氰酸酯（TDI）c（％）　　　　　　≤		—	0.7	—
重金属（限色漆）（mg/kg）	可溶性铅≤	90		
	可溶性镉≤	75		
	可溶性铬≤	60		
	可溶性汞≤	60		

　　a. 按产品规定的配比稀释比例混合后测定。如稀释剂的使用量为某一范围时，应按照推荐的最大稀释量稀释后进行测定。

　　b. 如产品规定了稀释比例或产品由双组分或多组分组成时，应分别测定稀释剂和各组分中的含量，再按产品规定的配比计算混合后涂料中的总量。如稀释剂的使用量为某一范围时，应按照推荐的最大稀释量进行计算。

　　c. 如聚氨酯漆类规定了稀释比例或由双组分或多组分组成时，应先测定固化剂(含二甲苯二异氰酸酯预聚物)中的含量，再按产品规定的配比计算混合后涂料中的含量。如稀释剂的使用量为某一范围时，应按照推荐的最小稀释量进行计算。

　　包装标志　产品包装标志除应符合 GB/T 9750—1998 的规定外，按本标准验收合格的产品可在包装标志上明示。

　　对于由双组分或多组分配套组成的涂料，包装标志上应明确各组分分配比。对于施工时需要稀释的涂料，包装标志上应明确稀释比例。

　　安全涂装及防护　涂装时应保证室内通风良好，并远离火源。涂装方式尽量采用刷涂。涂装时施工人员应穿戴好必要的防护用品。涂装完成后继续保持室内空气流通。涂装后的房间在使用前应空置一段时间。

二、内装饰装修材料内墙涂料有害物质限量

本标准规定了室内装饰装修用墙面涂料中对人体有害物质容许限值的技术要求、试验方法、包装标志、安全漆装及防护等内容。本标准适用于室内装饰装修用水性墙面涂料。本标准不适用于以有机物作为溶剂的内墙涂料。

项　目		限量值
挥发性有机化合物（VOC）（g/L）　　　≤		200
游离甲醛（g/kg）　　　≤		0.1
重金属（mg/kg）	可溶性铅　　≤	90
	可溶性镉　　≤	75
	可溶性铬　　≤	60
	可溶性汞　　≤	60

包装标志　产品包装标志除应符合 GB/T 9750—1998 的规定外，按本标准验收合格的产品可在包装标志上明示。

安全涂装及防护　涂装时应保证室内通风良好。涂装方式尽量采用刷涂。涂装时施工人员应穿戴好必要的防护用品。涂装完成后继续保持室内空气流通。涂装后的房间空置一段时间。

三、内装饰装修材料溶剂型胶粘剂中有害物质限量

本标准规定了室内建筑装饰装修用胶粘剂中有害物质限量及其试验方法。本标准适用于室内建筑装饰装修用胶粘剂。

(一)溶剂型胶粘剂中有害物质限量值

项　目		橡胶类胶粘剂	聚氨酯类胶粘剂	其他胶粘剂
游离甲醛(g/kg)	≤	0.5	—	—
苯(g/kg)	≤	5		
甲苯＋二甲苯(g/kg)	≤	200		
甲苯二异氰酸酯(g/kg)	≤	—	10	—
总挥发性有机物(g/L)	≤	750		

注:苯不能作为溶剂使用,作为杂质其最高含量不得大于表中的规定

(二)水基型胶粘剂中有害物质限量

项　目		缩甲醛类胶粘剂	聚乙酸乙烯酯胶粘剂	橡胶类胶粘剂	聚氨酯类胶粘剂	其他胶粘剂
游离甲醛(g/kg)	≤	1	1	1	—	1
苯(g/kg)	≤	0.2				
甲苯＋二甲苯(g/kg)	≤	10				
总挥发性有机物(g/L)	≤	50				

用于室内装饰装修材料的胶粘剂制品,必须在包装上标明本标准规定的有害物质名称及其含量。

四、室内装饰装修材料人造板及其制品中甲醛释放限量

本标准规定了室内装饰装修用人造板及其制品(包括地板、墙体等)中甲醛释放量的指标值、试验方法和检测规则。本标准适用于释放甲醛的室内装饰装修用各类人造板及其制品。

人造板及其制品中甲醛释放量限量试验方法及限量值

产品名称	试验方法	限量值	使用范围	限量标志 b
中密度纤维板、高密度纤维板、刨花板、定向刨花板等	穿孔萃取法	≤9mg/100g	可直接用于室内	E1
		≤30mg/100g	必须饰面处理后可允许用于室内	E2
胶合板、装饰单板贴面胶合板、细木工板等	干燥器法	≤1.5mg/L	可直接用于室内	E1
		≤5.0mg/L	必须饰面处理后可允许用于室内	E2
饰面人造板(浸渍纸层压木质地板、实木复合地板、竹地板、浸渍胶膜纸饰面人造板等)	气候箱法 a	≤0.12mg/m³	可直接用于室内	E1
	干燥器法	≤1.5mg/L		

a. 仲裁时采用气候箱法。

b. E1:为可直接用于室内的人造板。E2:为必须饰面处理后允许用于室内的人造板。

五、室内装饰装修材料木家具中有害物质限量

本标准适用于室内使用的各类木家具产品。

术语和定义　本标准采用下列术语和术语。

甲醛释放量　家具的人造板试件通过 GB/T 17657—1999 中 4.12 规定的 24h 干燥器法试验测得的甲醛释放量。

可溶性重金属含量　家具表面色漆涂层中通过 GB/T 9758—1988 中规定的试验方法测得的可溶性铅、镉、铬、汞重金属的含量。

项　　　目		限量值
甲醛释放量（mg/L）		≤1.5
重金属含量（限色漆）（mg/kg）	可溶性铅	≤90
	可溶性镉	≤75
	可溶性铬	≤60
	可溶性汞	≤60

六、室内装饰装修材料聚氯乙烯卷材地板中有害物质限量

本标准适用以聚氯乙烯树脂为主要原料并加入适当助剂，用敷衍、压延、复合工艺生产的发泡或不发泡的、有基材或无基材的聚氯乙烯卷材地板（以下简称为卷材地板），也适用于聚氯乙烯复合铺炕革、聚氯乙烯车用地板。

要求：氯乙烯单体限量，卷材地板聚氯乙烯层中氯乙烯单体含量应大于 5mg/kg；可溶性重金属含量，卷材地板中不得使用铅盐助剂作为杂质，卷材地板中可溶性铅含量应不大于 20mg/m^2，卷材地板中可溶性镉含量应不大于 20mg/m^2。

挥发物的限量　　　　　　　单位：g/m^2

发泡类卷材地板中挥发物的限量		非发泡类卷材地板中挥发物的限量	
玻璃纤维基材	其他基材	玻璃纤维基材	其他基材
≤75	≤35	≤40	≤10

七、混凝土外加剂中释放氨的限量

本标准规定了混凝土外加剂中释放氨的限量。

本标准适用于各类具有室内使用功能的建筑用、能释放氨的混凝土外加剂,不适用于桥梁、公路及其他室外工程用混凝土外加剂。

要求:混凝土外加剂中释放氨的量≤0.10%(质量分数)。

八、室内装饰装修材料壁纸中有害物质限量

本标准规定了壁纸中的重金属(或其他)元素、氯乙烯单体及甲醛三种有害物质的限量、试验方法和检测规则。

本标准主要适用于以纸为基材的壁纸。主要以纸为基材,通过胶粘剂贴于墙面或天花板上的装饰材料,不包括强毡及其他类似的强挂。

壁纸中有害物质限量值 单位:mg/kg

有害物质名称		限量值	有害物质名称		限量值
重金属(或其他)元素	钡	≤1000	重金属(或其他)元素	砷	≤8
	镉	≤25		汞	≤20
	铬	≤60		硒	≤165
	铅	≤90		锑	≤20
氯乙烯单体					≤1.0
甲醛					≤120

九、室内装饰装修材料地毯中有害物质释放限量

有害物质释放限量   单位:mg/(m² · h)

序号	有害物质测试项目	A级限量	B级限量
1	总挥发性有机物(TVOC)	≤0.500	≤0.600
2	甲醛(Formaldehyde)	≤0.050	≤0.050
3	苯乙烯(Styrene)	≤0.400	≤0.500
4	4-苯基环乙烯(4-phenylcyclohexene)	≤0.050	≤0.050

地毯衬垫有害物质释放量   单位:mg/(m² · h)

序号	有害物质测试项目	A级限量	B级限量
1	总挥发性有机物(TVOC)	≤1.000	≤1.200
2	甲醛(Formaldehyde)	≤0.050	≤0.050
3	苯乙烯(Styrene)	≤0.030	≤0.030
4	4-苯基环乙烯(4-phenylcyclohexene)	≤0.050	≤0.050

地毯胶粘剂有害物质释放量   单位:mg/(m² · h)

序号	有害物质测试项目	A级限量	B级限量
1	总挥发性有机物(TVOC)	≤10.000	≤12.000
2	甲醛(Formaldehyde)	≤0.050	≤0.050
3	2-乙基乙村醇(2-ethyl-1-hexanol)	≤3.000	≤3.500

A级为环保型产品,B级为有害物质释放限量合格产品。在产品标签上,应标识产品有害物质释放量的级别。

十、建筑材料放射性核素限量

本标准规定了建筑材料中天然放射核素镭—226、钍—

232、钾—40 放射性比活度的限量和试验方法。

本标准主要适用于建筑各类建筑物所使用的无机非金属类建材材料，包括掺工业废渣的建筑材料。

建筑材料：本标准中建筑材料是指，用于建造各类建筑物所使用的无机非金属类材料。本标准将建筑材料分为：建筑主体材料和装修材料。

建筑主体材料：用于建造建筑物主体工程所使用的建筑材料。包括水泥与水泥制品、砖、瓦、混凝土、混凝土预制构件、砌块、墙体保温材料、工业废渣、掺工业废渣的建筑材料及各种新型墙体材料等。

装修材料：用于建筑物室内、外施面用的建筑材料。包括：花岗石、建筑陶瓷、石膏制品、吊顶材料、粉刷材料及其他新型饰面材料等。

建筑主体材料放射性核素限量：当建筑主体材料中天然放射性核素镭—226、钍—232、钾—40 的放射性比活度同时满足 $I_{Ra}\leqslant1.0$ 和 $I_\gamma\leqslant1.0$ 时，其产销与使用范围不受限制。

对于空心率大于 25% 的建筑主体材料，其天然放射性核素镭—226、钍—232、钾—40 的放射性比活度同时满足 $I_{Ra}\leqslant1.0$ 和 $I_\gamma\leqslant1.3$ 时，其产销与使用范围不受限制。

装修材料放射性核素限量：本标准根据装修材料放射性水平大小划分为以下三类。

A 类装修材料：装修材料中天然放射性核素镭—226、钍—232、钾—40 的放射性比活度同时满足 $I_{Ra}\leqslant1.0$ 和 $I_\gamma\leqslant1.3$ 要求的为 A 类装修材料。A 类装修材料产销与使用

范围不受限制。

B 类装修材料:不满足 A 类装修材料要求但同时满足 $I_{Ra} \leqslant 1.3$ 和 $I_\gamma \leqslant 1.9$ 要求的为 B 类装修材料。B 类装修材料不可用于 I 类民用建筑的内饰面,但可用于 I 类民用建筑的外饰面及其他一切建筑物得内、外饰面。

C 类装修材料:不满足 A、B 类装修材料要求但满足 $I_\gamma \leqslant 2.8$ 要求的为 C 类装修材料。C 类装修材料只可用于建筑物的外饰面及室外其他用途。$I_\gamma > 2.8$ 的花岗石只可用于碑石、海堤、桥墩等人类很少涉及的地方。

其他要求:使用废渣生产建筑材料产品时,其产品放射性水平应满足本标准要求。

当企业生产更换原料来源或配比时,必须预先进行放射性比活度检测,以保证产品满足本标准要求。

花岗石矿床勘察时,必须用本标准中规定的装修材料分类控制值对花岗石矿床进行放射性水平的预评价。

装修材料生产企业按照本标准要求,在其产品包装或说明中注明其放射性水平类别。

各企业进行产品销售时,应持具有资质的检测机构出具的,符合本标准的天然放射性核素检验报告。

在天然放射性较高地区,单纯利用当地原材料生产的建筑材料产品,只要其放射性比活度不大于当地地表土壤中相应天然放射性核素平均本地水平的,可限在本地区使用。

以上标准由中华人民共和国国家质量监督检验检疫总局发布。

　　自 2002 年 1 月 1 日起,生产企业生产的产品应执行该国家标准,过渡期 6 个月;自 2002 年 7 月 1 日起,市场上停止销售不符合该国家标准的产品。

民用建筑工程室内环境污染控制规范
GB 50325—2001(2006 版)
(节 选)

批准部门:中华人民共和国建设部

施行日期:2002 年 1 月 1 日

3 材 料

3.1 无机非金属建筑主体材料和装修材料

3.1.1 民用建筑工程所使用的砂、石、砖、水泥、商品混凝土、混凝土预制构件和新型墙体材料等无机非金属建筑主体材料,其放射性指标限量应符合表 3.1.1 的规定。

表 3.1.1 无机非金属建筑主体材料放射性指标限量

测定项目	限量
内照射指数 I_{Ra}	$\leqslant 1.0$
外照射指数 I_{γ}	$\leqslant 1.0$

3.1.2 民用建筑工程所使用的无机非金属装修材料,包括石材、建筑卫生陶瓷、石膏板、吊顶材料、无机瓷质砖粘接剂等,进行分类时,其放射性指标限量应符合表 3.1.2 的规定。

表 3.1.2　无机非金属装修材料放射性指标限量

测定项目	限　量	
	A	B
内照射指数(I_{Ra})	$\leqslant 1.0$	$\leqslant 1.3$
外照射指数(I_γ)	$\leqslant 1.3$	$\leqslant 1.9$

3.1.3　空心率(空隙率)大于 25% 的建筑材料,其天然放射性核素镭—226、钍—232、钾—40 的放射性比活度应同时满足内照射指数(I_{Ra})不大于 1.0、外照射指数(I_γ)不大于 1.3。

3.1.4　建筑主体材料和装修材料放射性指标的测试方法应符合现行国家标准《建筑主体材料放射性核素限量》GB 6566 的规定。

3.2　人造木板及饰面人造木板

3.2.1　民用建筑工程室内用人造木板及饰面人造木板,必须测定游离甲醛含量或游离甲醛释放量。

3.2.2　人造木板及饰面人造木板,应根据游离甲醛含量或游离甲醛释放量限量划分为 E1 类和 E2 类。

3.2.3　当采用环境测试舱法测定游离甲醛释放量,并依此对人造木板进行分类时,其限量应符合表 3.2.3 的规定。

表 3.2.3　环境测试舱法测定游离甲醛释放量限量

类别	限量(mg/m^3)
E1	$\leqslant 0.12$

3.2.4　当采用穿孔法测定游离甲醛释放量,并依次对人造木板进行分类时,其限量应符合表 3.2.4 的规定。

表 3.2.4 穿孔法测定游离甲醛释放量限量

类别	限量（mg/100g，干材料）
E1	≤9.0
E2	≥9.0，≤30.0

3.2.5 当采用干燥器法测定游离甲醛释放量，并依此对人造木板进行分类时，其限量应符合表 3.3.4 的规定。

表 3.2.5 干燥器法测定游离甲醛释放量限量

类别	限量（mg/L）
E1	≤1.5
E2	>1.5，≤5.0

3.2.6 饰面人造木板可采用环境测试舱法或干燥法测定游离甲醛释放量，当发生争议时应以环境测试舱法的测定结果为准；胶合板、细木工板宜采用干燥器法测定游离甲醛释放量；刨花板、中密度纤维板等宜采用穿孔法测定游离甲醛含量。

3.2.7 环境测试舱法，宜按本规范附录 A 进行。

3.2.8 穿孔法及干燥器法，应符合国家现行标准《人造板及饰面人造板理化性能试验方法》GB/T 17657—1999 的规定。

3.3 涂料

3.3.1 民用建筑工程室内用水性涂料，应测定挥发性有机化合物（VOCs）和游离甲醛的含量，其限量应符合表 3.3.1 的规定。

表 3.3.1　室内用水性涂料中挥发性有机化合物(VOCs)和游离甲醛限量

测定项目	限量
VOCs（g/L）	≤200
游离甲醛（g/kg）	≤0.1

3.3.2　民用建筑工程室内用溶剂型涂料,应按其规定的最大稀释比例混合后,测定挥发性有机化合物(VOCs)和苯的含量,其限量并应符合表 3.3.2 的规定。

表 3.3.2　室内用溶剂型涂料中挥发性有机化合物(VOCs)和苯限量

涂料名称	VOCs（g/L）	苯(g/L)
醇酸涂料	≤550	≤5
硝基清涂料	≤750	≤5
聚氨酯涂料	≤700	≤5
酚醛涂料	≤500	≤5
酚醛磁涂料	≤380	≤5
酚醛防锈涂料	≤270	≤5
其他溶剂型涂料	≤600	≤5

3.3.3　聚氨酯漆测定固化剂中游离甲苯二异氰酸酯(TDI)的含量后,应按其规定的最小稀释比例计算出聚氨酯漆中游离甲苯二异氰酸酯(TDI)的含量,且不应大于 7g/kg。测定方法应符合国家标准《气相色谱测定氨基甲酸酯预聚物和涂料溶液中未反应的甲苯二异氰酸酯(TDI)单体》GB/T 18446—2001 的规定。

3.3.4　水性涂料中挥发性有机化合物(VOCs)、游离甲醛含量的测定方法,宜按国家标准《室内装饰装修材料内墙涂

料中有害物质限量》GB 18582—2001 附录 A、附录 B 的方法进行。

3.3.5 溶剂型涂料中挥发性有机化合物（VOCs）、苯含量的测定方法，宜按本规范附录 C 进行。

3.4 胶粘剂

3.4.1 民用建筑工程室内用水性胶粘剂，应测定其挥发性有机化合物（VOCs）和游离甲醛的含量，其限量应符合表3.4.1 的规定。

表 3.4.1 室内用水性胶粘剂中挥发性有机化合物（VOCs）和游离甲醛限量

测定项目	限量
VOCs(g/L)	≤50
游离甲醛(g/kg)	≤1

3.4.2 民用建筑工程室内用溶剂型胶粘剂，应测定其挥发性有机化合物（VOCs）和苯的含量，其限量应符合表3.4.2 的规定。

表 3.4.2 室内用溶剂型胶粘剂中挥发性有机化合物（VOCs）和苯限量

测定项目	限量
VOCs(g/L)	≤750
苯(g/kg)	≤5

3.4.3 聚氨酯胶粘剂应测定游离甲苯二异氰酸酯（TDI）的含量，并不应大于 10g/kg，测定方法可按国家标准《气相色谱测定氨基甲酸酯预聚物和涂料溶液中未反应的甲苯二异氰酸酯（TDI）单体》GB/T 18446—2001 进行。

3.4.4 水性胶粘剂中挥发性有机化合物（VOCs）、游离甲醛含量的测定方法，宜按国家标准《室内装饰装修材料 内墙涂料中有害物质限量》GB 18582—2001 附录 A、附录 B 的方法进行。

3.4.5 溶剂型胶粘剂中挥发性有机化合物（VOCs）、苯含量的测定方法，应符合本规范附录 C 的规定。

3.5 水性处理剂

3.5.1 民用建筑工程室内用水性阻燃剂（包括防火涂料）、防水剂、防腐剂等水性处理剂，应测定挥发性有机化合物（VOCs）和游离甲醛的含量，其限量并应符合表 3.5.1 的规定。

表 3.5.1 室内用水性处理剂中挥发性有机化合物（VOCs）和游离甲醛限量

测定项目	限量
VOCs（g/L）	≤200
游离甲醛（g/kg）	≤0.5

3.5.2 水性处理剂中挥发性有机化合物（VOCs）、游离甲醛含量的测定方法，宜按国家标准《室内装饰装修材料内墙涂料中有害物质限量》GB 18582—2001 附录 A、附录 B 的方法进行。

4 工程勘察设计

4.1 一般规定

4.1.1 新建、扩建的民用建筑工程设计前，应进行建筑工程所在城市区域土壤中氡浓度或土壤表面氡析出率调查。

未进行过土壤中氡浓度或土壤表面氡析出率区域性测定的,必须进行建筑场地土壤中氡浓度或土壤氡析出率测定,并提供相应的测定报告。

4.1.2 民用建筑工程设计必须根据民用建筑物的类型和用途,选用符合本规范规定的建筑材料和装修材料。

4.1.3 民用建筑工程的室内通风设计,应符合国家现行标准《采暖通风与空气调节设计规范》和《民用建筑设计通则》的有关规定。

4.2 工程地点土壤中氡浓度调查及防氡

4.2.1 新建、扩建的民用建筑工程的工程地质勘察报告,应包括工程所在城市区域土壤氡浓度或土壤表面氡析出率测定历史资料及土壤氡浓度或土壤表面氡析出率平均值数据。

4.2.2 已进行过土壤中氡浓度或土壤表面氡析出率区域性测定的民用建筑工程,当土壤氡浓度测定结果平均值不大于10000Bq/m³ 或土壤表面氡析出率测定结果平均值不大于 0.02Bq/(m²·s)时,且工程场地所在地点不存在地质断裂构造,可不再进行土壤氡浓度测定;其他情况均应进行工程场地土壤氡浓度或土壤表面氡析出率测定。

4.2.3 当民用建筑工程场地土壤氡浓度不大于 20000Bq/m³ 或土壤表面氡析出率测定结果平均值不大于 0.05Bq/(m²·s)时,可不采取防氡工程措施。

4.2.4 当民用建筑工程场地土壤氡浓度测定结果大于20000Bq/m³ 且小于30000Bq/m³,或土壤表面氡析出率大于 0.05Bq/(m²·s)且少于 0.1Bq/(m²·s)时,应采取建筑

物底层地面抗开裂措施。

4.2.5　当民用建筑工程场地土壤氡浓度测定结果大于或等于 30000Bq/m³ 且小于 50000Bq/m³，或土壤表面氡析出率大于或等于 0.1Bq/(m² · s)且少于 0.3Bq/(m² · s)时，除采取建筑物内底层地面抗开裂措施外，还必须按现行国家标准《地下工程防水技术规范》GB 50108—2001 中的一级防水要求，对基础进行处理。

4.2.6　当民用建筑工程场地土壤氡浓度测定结果大于或等于 50000Bq/m³，或土壤表面氡析出率大于或等于 0.3Bq/(m² · s)时，除采取本规范 4.2.5 条防氡处理措施外，还应按照国家标准《新建低层住宅建筑设计与施工中氡控制导则》GB/T 17785—1999 的有关规定，采取综合建筑构造防氡措施。

4.2.7　当Ⅰ类民用建筑工程场地土壤中氡浓度大于或等于 50000Bq/m³ 时，或土壤表面氡析出率大于或等于 0.3Bq/(m² · s)时，应进行建筑场地土壤中的镭—266、钍—232、钾—40 的比活度的测定。当测定结果表明内照射指数(I_{Ra})大于 1.0 或外照射指数(I_{γ})大于 1.3 时，工程场地土壤不得作为工程回填土使用。

4.2.8　民用建筑工程场地土壤中氡浓度测定方法及土壤表面氡析出率测定方法应按本规范附录 D 进行。

4.3　材料选择

4.3.1　Ⅰ类民用建筑工程室内装修采用的无机非金属装修材料必须为 A 类。

4.3.2　Ⅱ类民用建筑工程宜采用 A 类无机非金属建筑和

装修材料；当 A 类和 B 类无机非金属装修材料混合使用时，应按下式计算，确定每种材料的使用量：

$$\sum f_i \cdot I_{Rai} \leqslant 1.0 \qquad 4.3.2-1$$

$$\sum f_i \cdot I_{\gamma i} \leqslant 1.3 \qquad 4.3.2-2$$

式中：f_i——第 i 种材料在材料总用量中所占的份额（%）；

I_{Rai}——第 i 种材料的内照射指数；

$I_{\gamma i}$——第 i 种材料的外照射指数。

4.3.3　Ⅰ类民用建筑工程的室内装修，必须采用 E1 类人造木板及饰面人造木板。

4.3.4　Ⅱ类民用建筑工程室内装修，宜采用 E1 类人造木板及饰面人造木板；当采用 E2 类人造木板时，直接暴露于空气的部位应进行表面涂覆密封处理。

4.3.5　民用建筑工程室内装修，所采用的涂料、胶粘剂、水性处理剂，其苯、游离甲醛、游离甲苯二异氰酸酯（TDI）、挥发性有机化合物（VOCs）的含量应符合本规范的规定。

4.3.6　民用建筑工程室内装修时，不应采用聚乙烯醇水玻璃内墙涂料、聚乙烯醇缩甲醛内墙涂料和树脂以硝化纤维素为主、溶剂以二甲苯为主的水包油型（O/W）多彩内墙涂料。

4.3.7　民用建筑工程室内装修时，不应采用 107 胶粘剂等聚乙烯醇缩甲醛胶粘剂。

4.3.8　民用建筑工程中使用的粘合木结构材料，游离甲醛释放量不应大于 $0.12mg/m^3$，其测定方法应符合本规范附录 A 的规定。

4.3.9 民用建筑工程室内装修时,所使用的壁布、帷幕等游离甲醛释放量不应大于 0.12mg/m³,其测定方法应符合本规程附录 A 的规定。

4.3.10 民用建筑工程室内装修中所使用的木地板及其他木质材料,严禁采用沥青、煤焦油类防腐、防潮处理剂。

4.3.11 民用建筑工程中所用的能释放氨的阻燃剂、混凝土外加剂,氨的释放量不应大于 0.1%,测定方法应符合现行国家标准《混凝土外加剂中释放氨的限量》GB 18588 的规定;能释放甲醛的混凝土外加剂,其游离甲醛含量不应大于 0.5g/kg,测定方法应符合国家标准《室内装饰装修材料内墙涂料中有害物质限量》GB 18582—2001 附录 B 的规定。

4.3.12 Ⅰ类民用建筑工程室内装修粘贴塑料地板时,不应采用溶剂型胶粘剂。

4.3.13 Ⅱ类民用建筑工程中地下室及不与室外直接自然通风的房间室内粘贴塑料地板时,不宜采用溶剂型胶粘剂。

4.3.14 民用建筑工程中,不应在室内采用脲醛树脂泡沫塑料作为保温、隔热和吸声材料。

4.3.15 民用建筑工程室内装修时,所使用的地毯、地毯衬垫、壁纸聚氯乙烯卷材地板,其挥发性有机化合物及甲醛释放量均应符合相应材料的有害物质限量的国家标准规定。

5 工程施工

5.1 一般规定

5.1.1 施工单位应按设计要求及本规范的有关规定,对所

用建筑主体材料和装修材料进行进场验收。

5.1.2　当建筑主体材料或装修材料进场检验,发现不符合设计要求及本规范的有关规定时,严禁使用。

5.1.3　施工单位应按设计要求及本规范的有关规定进行施工,不得擅自更改设计文件的要求。当需要更改时,应经原设计单位同意。

5.1.4　民用建筑工程室内装修,当多个房间重复使用同一设计时,宜先作样板间,并对其室内环境污染物浓度进行检测。

5.1.5　样板间室内环境污染物浓度检测方法,应符合本规范第 6 章的有关规定,当检测结果不符合本规范的规定时,应查找原因并采取相应的措施进行处理。

5.2　材料进场检验

5.2.1　民用建筑工程中所采用的无机非金属建筑材料和装修材料必须有产品的放射性指标检测报告,并应符合设计要求和本规范的规定。

5.2.2　民用建筑工程室内装修采用天然花岗岩石材或瓷质砖使用面积大于 200m² 时,应对不同产品、不同批次材料分别进行放射性指标复验。

5.2.3　民用建筑工程室内装修中所采用的人造木板及饰面人造木板进场时,必须有游离甲醛含量或游离甲醛释放量检测报告,并应符合设计要求和本规范的规定。

5.2.4　民用建筑工程室内装修中采用的某一种人造木板或饰面人造木板面积大于 500m² 时,应对不同产品、批次材料的游离甲醛含量或游离甲醛释放量分别进行复验。

5.2.5 民用建筑工程室内装修所采用的水性涂料、水性胶粘剂、水性处理剂必须有同批次产品的挥发性有机化合物（VOCs）和游离甲醛含量检测报告；溶剂型涂料、溶剂型胶粘剂必须有挥发性有机化合物（VOCs）、苯和游离甲苯二异氰酸酯（TDI）（聚氨酯类）含量检测报告，并应符合设计要求和本规范的规定。

5.2.6 当建筑材料和装修材料的产品检测报告项目不全或对检测结果有疑问时，必须将材料送有资质的检测机构进行检验，检验合格后方可使用。

5.3 施工要求

5.3.1 采取防氡措施的民用建筑工程，其地下工程的变形缝、施工缝、穿墙管（盒）、埋设件、预留孔洞等特殊部位的施工工艺应符合现行国家标准《地下工程防水技术规范》的有关规定。

5.3.2 Ⅰ类民用建筑工程当采用异地土作为回填土时，该回填土应进行镭—266、钍—232、钾—40 的比活度的测定。当内照射指数（I_{Ra}）不大于 1.0 和外照射指数（I_y）不大于 1.3 时，方可使用。

5.3.3 民用建筑工程室内装修所采用的稀释剂和溶剂，严禁使用苯、工业苯、石油苯、重质苯及混苯。

5.3.4 民用建筑工程室内装修工程施工时，不应使用苯、甲苯、二甲苯和汽油进行除油和清除旧油漆作业。

5.3.5 涂料、胶粘剂、水性处理剂、稀释剂和溶剂等使用后，应及时封闭存放，废料应及时清出室内。

5.3.6 严禁在民用建筑工程室内用有机溶剂清洗施工

用具。

5.3.7 采暖地区的民用建筑工程,室内装修施工不宜在采暖期内进行。

5.3.8 民用建筑工程室内装修中,进行饰面人造木板拼接施工时,除芯板为 E1 类外,应对其断面及无饰面部位进行密封处理。

室内装修一些常见污染物的主要危害

1. 甲苯、二甲苯

甲苯、二甲苯在溶剂分类中属中等毒性溶剂，对人体具有麻醉、刺激作用，高浓度时对神经系统有毒害作用，但在人体内残留毒性低，一般可经代谢排除。空气中最高容许浓度为 100 毫克／立方米。

长期接触甲苯、二甲苯的人不宜饮白酒，更不宜饮用过量高度白酒，因为酒精会延长其在体内的滞留时间，对健康极为不利。工作场所应保持空气流通以降低其在空气中的浓度。

2. 苯

苯属于剧毒溶剂，是一种气味芳香，易挥发的有机物，对人的神经系统有麻醉和刺激作用。少量的吸入也会对人体造成长期的损害。苯能在神经系统和骨髓内蓄积，使神经系统和造血组织受到损害，引起血液中白细胞、血小板数目减少，长期接触可引起白血病。

3. 乙二醇醚类溶剂

乙二醇醚类溶剂在体内经代谢后会形成剧毒的化合物，对人体的血液循环系统和神经系统造成永久性的损害，长期接触高浓度的乙二醇醚类溶剂会致癌。另外，乙二醇

醚类溶剂会对女性的生殖系统造成永久性的损害,造成女性不育。

4. TDI(中文名称为甲苯二异氰酸酯)

TDI 具有低的蒸汽压,对人体眼角膜有强烈的刺激作用,造成眼部红肿。TDI 蒸汽经人体吸入后,会损害人体肝、肾功能,长期接触高浓度的 TDI 蒸汽会致癌。在聚氨酯(PU)类油漆中,固化剂组分游离 TDI<0.5%,基本对健康无害。"经典"爱家健康漆游离 TDI 含量<0.02%,低于国家强制标准 10 倍,避免了游离 TDI 对人体的损害。

5. 重金属

重金属主要存在于色漆中,主要来源于色漆中的颜料部分。人体摄入重金属过多,会造成慢性中毒。重金属影响儿童的生长发育,特别对儿童智力发育造成不良影响,部分重金属可在脑部及内脏器官中残留,对肝、肾等造成永久性伤害。

6. 邻苯二甲酸酯类增塑剂

邻苯二甲酸酯类增塑剂是挥发性油漆中用量最大、用途最为广泛的增塑剂,此类增塑剂对成人健康没有明显的不良作用,但会对儿童的发育产生不良影响,主要是造成儿童性早熟。

7. VOC

VOC即挥发性有机化合物,据不完全统计,在我国油漆行业每年向大气排放约300万吨有机挥发物,直接对大气环境造成污染,破坏人类生存环境,损害人体健康,造成巨大的资源浪费,与当今可持续发展的经济模式格格不入。

8. 甲醛

甲醛是一种刺激性气体,会损伤呼吸道及内脏,主要存在于黏合剂和水性漆中,劣质墙体腻子也是一大主要来源。

9. 氡

氡是一种无色、无味的放射性气体,比空气重7.5倍,系铀、镭等放射性元素的衰变产物。氡气经α衰变后,产生的短寿命子代产物,统称为氡及其子体;氡遍布土壤、水及空气之中。在含铀系物高的土壤或岩石中,氡的浓度较高。氡由地下、地表水和建筑矿物质中的铀放射出来,进入室内,并在通风不好的地方积累;氡是气体,而氡子体却是固体。在室内,大多数氡子体吸附在空气中悬浮的细小的微粒上。当吸入氡的短寿命子体后,其不断沉积在呼吸道表面,在局部区域内不断积累,可导致肺癌、白血病及呼吸道等疾病。因为在肺里面,氡子体能释放出α粒子,同时也能释放出β粒子和γ射线,从而对肺产生危害。

主要参考文献

[1] 朱天志.城市绿色生态住宅小区评价系统的设计与实现[D].北京:北京工业大学,2009.

[2] 柳联生.我国城市生态住宅的发展[D].天津:天津大学,2008.

[3] 聂梅生,秦佑国,江忆,等.中国生态住宅技术评估手册[M].北京:中国建筑工业出版社,2007.

[4] 金恬.夏热冬暖地区生态住宅技术策略研究[D].厦门:厦门大学,2009.

[5] 唐丽.建筑设计与新技术、新材料——从世博建筑看设计发展[M].天津:天津大学出版社,2011.

[6] 曾捷.绿色建筑[M].北京:中国建筑工业出版社,2010.

[7] 刘加平,董靓,孙世钧.绿色建筑概论[M].北京:中国建筑工业出版社,2010.

[8] 梁海东,可淑玲.新农村建设中农民居住环境问题的研究 V——农村住宅外墙节能特点与设计理念[J].安徽农业科学,2008(20).

[9] 张英利.小议我国绿色住宅面临的问题和解决方法[J].广东建材,2011(3).

[10] 兰淑澄,郑平,任华,等.生态住宅小区水环境规划及问题探讨[C].住区水环境国际研讨会论文集,2003.

[11] 海蕴博,张萌.基于低碳视角的生态住宅全生命周期成本分析[J].生态经济,2010(11).

[12] 焦士兴,冷传明,张吉献,等.风水模式对生态住宅选址的启示[J].重庆建筑大学学报,2003(6).

[13] 刘新学.我国发展生态住宅存在的问题与对策[J].生态经济,2007(5).

[14] 张劲松.恩施农村住宅现状分析及新农村住宅研究[J].安徽农业科学,2009(11).

[15] 孙敬水.生态住宅的新理念[J].生态经济,2002(11).

[16] 郑煜基,周建民,陈能场,等.生态住宅的水环境规划:I.水循环[J].生态环境,2007(6).

[17] 葛盛.浅谈绿色生态住宅[J].山西建筑,2007(4).

[18] 陈祖展,廖建军,杨喜生,等.生态住宅与构建和谐人居环境新模式研究[J].山西建筑,2010(33).

[19] 张华,孙运棉.简析生态住宅的标准[J].科教文汇,2008(22).

[20] 程显风.夏热冬冷地区新农村生态住宅设计探讨[J].住宅科技,2008(10).

[21] 陈君.推广绿色建筑打造生态住宅[J].中国高新技术企业,2010(11).

图书在版编目(CIP)数据

生态住宅百问百答 / 谯华,郑昕编著. — 杭州：
浙江工商大学出版社,2011.8
(建设生态新农村丛书 / 沈东升主编)
ISBN 978-7-81140-370-1

Ⅰ. ①生… Ⅱ. ①谯… ②郑… Ⅲ. ①生态型－住宅
－问题解答 Ⅳ. ①TU241－44

中国版本图书馆 CIP 数据核字(2011)第 171185 号

生态住宅百问百答

谯 华 郑 昕 编著

丛书策划	钟仲南 邬官满	
责任编辑	郦 晶	
封面设计	陈思思	
责任印制	汪 俊	
出版发行	浙江工商大学出版社	
	(杭州市教工路 198 号 邮政编码 310012)	
	(E－mail:zjgsupress@163.com)	
	(网址:http://www.zjgsupress.com)	
	电话:0571—88904980,88831806(传真)	
排 版	杭州朝曦图文设计有限公司	
印 刷	杭州余杭人民印刷有限公司	
开 本	850mm×1168mm 1/32	
印 张	5	
字 数	100 千	
版 印 次	2011 年 8 月第 1 版 2011 年 8 月第 1 次印刷	
书 号	ISBN 978-7-81140-370-1	
定 价	15.00 元	